# FUCK WORK !

DANS LA MÊME COLLECTION

Pierre Cahuc et André Zylberberg, *Le Négationnisme économique.*

Pierre Cahuc et André Zylberberg, *Les Ennemis de l'emploi.*

Paul Jorion, *Misère de la pensée économique.*

Paul Jorion, *Le Prix.*

Augustin Landier et David Thesmar, *Dix idées qui coulent la France.*

Dominique Méda, *La Mystique de la croissance.*

James Livingston

# FUCK WORK !

## Pour une vie sans travail

*Traduit de l'anglais (États-Unis)*
*par Pierre Vesperini*

*Préface de Paul Jorion*

Champs actuel

Conseiller éditorial : Pierre Vesperini.

Titre original : *No More Work.*
*Why Full Employment Is a Bad Idea*.
Éditeur original : The University of North Carolina Press.

ISBN : 978-2-0814-2647-4

*Pour Laura, rien que pour elle*

# Préface

Le texte que vous allez lire vous donne la pêche. J'espère que vous ne bouderez pas votre plaisir à sa lecture, de la même manière que je n'ai pas boudé le mien. Je l'ai découvert à la faveur de la lecture de son introduction publiée dans la revue américaine *Aeon* en novembre 2016. Je l'avais lue, beaucoup ri, et cherché quelqu'un qui, malgré sa longueur, serait prêt à la traduire pour mon blog. Sa publication en septembre 2017, suivie en décembre par un compte rendu signé de Madeleine Théodore, avait suscité plus de deux cents commentaires.

Mais quel est son message ? Dit-il que le travail est une abomination et que, si nous avions eu une once de raison, nous n'aurions jamais dû l'aimer ? Ou bien affirme-t-il que du travail, il n'y en a plus, et que nous devrions pour cette raison en faire notre deuil ? Les deux vues sont distinctes et leurs présupposés, différents. Dans le premier cas, si nous n'avions jamais dû l'aimer, alors l'époque actuelle ne différerait en rien de celles qui l'ont précédée, et notre stupidité – dont notre amour du travail serait la confirmation – serait celle de tous les temps.

Pourquoi avons-nous aimé le travail ? Selon Paul Lafargue (1842-1911), gendre de Karl Marx et critique espiègle de son beau-père, c'est, comme il l'explique dans son *Droit à la paresse* (1880), parce que nous étions victimes d'un complot, celui dont Adolphe Thiers (1797-1877), massacreur sans état d'âme de communards, avait bien résumé l'enjeu quand il écrivait : « Je veux rendre toute-puissante l'influence du clergé, parce que je compte sur lui pour propager cette bonne philosophie qui apprend à l'homme qu'il est ici-bas pour souffrir et non cette autre philosophie qui dit au contraire à l'homme : "Jouis". »

Mais dans le second cas de figure, à savoir s'il nous faut cesser d'aimer le travail par simple réalisme, parce qu'il a cessé d'exister, alors notre désamour s'apparente à celui du renard de La Fontaine pour les raisins dont il dit, aussitôt qu'il s'est rendu compte qu'ils sont hors de sa portée : « Ils sont trop verts, et bons pour des goujats ! »

En fait, comme vous le verrez, James Livingston, l'auteur de *Fuck Work !* (le titre que son livre n'eut pas en anglais, mais qu'il aurait voulu qu'il eût), ne fait pas la distinction : que vous n'aimiez pas le travail parce que vous saviez de toute éternité qu'il était haïssable, ou que vous l'ayez aimé à une époque mais que vous en ayez fait votre deuil depuis parce qu'il est aujourd'hui mort et enterré, il tempête : « Quoi qu'il en soit bon débarras ! »

Mais ce « quoi qu'il en soit » échouera-t-il à vous convaincre comme ce fut le cas pour moi ? Tout particulièrement parce que, selon qu'il s'agit de l'un ou de l'autre, le remède devrait être différent. À vous du coup de décider si les lignes qui suivent sont toujours une préface à *Fuck Work !* ou devraient être plutôt sa postface, à lire une fois le livre achevé. Auquel cas, revenez-moi alors.

On aurait pu imaginer que dans le processus historique de mécanisation qu'a connu le genre humain, qui s'étage du silex taillé à l'intelligence artificielle, le bénéfice global de cette évolution aurait été partagé équitablement entre tous. Je ne vous apprends rien quand je vous dis qu'il n'en a rien été : si le travail de la machine bénéficie à son propriétaire, celui qui a perdu son emploi parce qu'un robot, un logiciel ou un algorithme serti dans un objet de l'environnement quotidien a pris sa place est à partir de là livré à lui-même, chargé de se retrouver un autre emploi, dans un secteur où le travail humain n'a pas encore été remplacé par celui de la machine. Pour le salarié, la machine n'a donc jamais été un allié mais, comme le souligne très justement ici Livingston à la suite de Lafargue, un rival. Et aujourd'hui elle se révèle meilleure quand elle accomplit un nombre croissant de tâches : plus rapide de beaucoup, plus fiable et bien moins onéreuse.

Le *salarié* est apparu historiquement dans la position de celui qu'on appelait autrefois le journalier. Il est important de le souligner parce que Livingston commet à ce propos une erreur ; je dirai laquelle.

Dans le contrat de *métayage*, le propriétaire de la ferme mettait la terre à la disposition du métayer, à charge pour celui-ci de partager la récolte dans une proportion prédéfinie, « cinquante / cinquante » par exemple. Dans ce contexte, le journalier était la main-d'œuvre recrutée en supplément quand il y avait le coup de feu dans le travail de la ferme, mais licencié aussitôt que la charge de travail revenait à la normale. En échange, rémunéré au prorata du temps durant lequel il louait sa force de travail, son sort était indifférent aux aléas de la bonne ou de la mauvaise récolte, dont le propriétaire et le métayer bénéficiaient eux dans les meilleures années ou auxquels ils étaient exposés en période de disette. Emploi précaire donc que celui du journalier puisqu'il était embauché et licencié sans justification, mais il touchait un « loyer » d'un montant fixe sur ses prestations en travail quand celles-ci étaient sollicitées.

L'erreur que commet Livingston, c'est qu'il ne voit pas que la firme (*corporation*) est venue s'inscrire dans le contexte du métayage, l'investisseur, dans la position du propriétaire, et la direction de l'entreprise dans celle du métayer, de manière naturelle, sans qu'il s'agisse de l'aboutissement d'un complot ou en tout cas d'une manigance. Il voit dans la *firme* une sorte de coup de main, alors qu'elle s'est contentée de venir se couler dans une tradition établie de longue date : depuis des millénaires pour ce que nous en savons. Il écrit ainsi : « Les capitalistes ont essayé pratiquement tout dans les années 1880 et 1890. Ce qui marcha finalement, ce fut la *firme*, une solution bureaucratique à une crise socio-économique. Mais la firme était bâtie sur la séparation de la propriété et du contrôle. Les capitalistes se sont ainsi condamnés eux-mêmes à la mort sociale, en confiant des décisions de base, concernant la production et la distribution, à des dirigeants salariés qui n'étaient pas propriétaires des biens de l'entreprise – exactement comme leurs prédécesseurs aristocrates avaient loué leurs terres à de simples paysans quand ils avaient dû affronter la crise sociale de la fin de la féodalité, et s'étaient ainsi condamnés eux-mêmes à une lente mort sociale. » (p. 166-167). Livingston oublie encore que la mise au point des *stock-options* par le cabinet McKinsey au milieu des années 1970 a créé une sainte-alliance entre les « dirigeants salariés » de l'entreprise et les « propriétaires de ses biens », leurs intérêts étant désormais alignés entre eux par le biais du cours en Bourse de la firme.

À la suite de Marx, Livingston rappelle qu'il y eut une époque où une injection supplémentaire de capital permettait à un industriel d'acheter davantage de machines, lui offrant l'occasion de se débarrasser d'une partie de ses salariés, mais qu'il fallait alors en parallèle, ailleurs dans l'économie, recruter de la main-d'œuvre pour fabriquer les machines en question. L'économie mobilise aujourd'hui davantage de capitaux pour créer des machines, robots, logiciels ou algorithmes, que pour créer de nouveaux postes de travail destinés à des êtres humains. Mais même pour cette forme d'investissement, les limites sont aujourd'hui atteintes : il n'y a pas dans la population de pouvoir d'achat en quantité suffisante pour qu'il soit possible d'injecter davantage de capitaux dans l'économie qu'on ne le fait aujourd'hui. Et, faute pour ceux-ci de trouver leur chemin vers l'économie « réelle », on constate une hausse des dividendes attribués aux actionnaires et des bonus attribués à la direction, dont les montants culminent quelquefois dans le faramineux, et lorsque la firme est à court d'imagination, elle peut procéder au rachat de ses propres actions. Pire encore, lorsqu'elle ne sait plus que faire de ses liquidités, elle confie les sommes en excès à des *hedge funds* – appelés en français « fonds spéculatifs » –, créant ainsi un risque systémique qui fragilise le système financier dans son ensemble et, à sa suite, l'économie.

Oui, une hausse des salaires permettrait à l'économie d'absorber une demande plus importante, mais elle constituerait en soi une incitation pour les industriels à mécaniser encore davantage puisque la comparaison entre les salaires en hausse et le coût de remplacement de l'humain par les robots, logiciels ou algorithmes, serait défavorable à l'humain (une telle hausse des salaires ne se répercutant plus aujourd'hui dans le prix de la mécanisation en raison du peu de main-d'œuvre qu'elle mobilise), une observation déjà faite par Lafargue, et dont celui-ci se réjouissait *.

* Lafargue, référence constante chez Livingston, mais dont il a malheureusement choisi de taire le nom dans *Fuck Work !*

Une réponse aux conséquences sociales néfastes de la disparition du travail humain pourrait être la réduction du temps de travail. Mais celle-ci aussi a ses inconvénients et connaît ses limites. Imaginons que l'on dise : passons par étapes à la semaine de 30 heures, puis à la semaine de 20 heures, c'est là supposer qu'il existe une solution purement quantitative à la question du travail que la robotique, l'automation, la logicielisation éliminent, alors que cette question est en réalité essentiellement qualitative car elle ne se pose pas dans les termes d'un kilo de patates interchangeable avec n'importe quel autre kilo de patates : il n'existe pas d'équivalence purement quantitative entre une heure de travail dans tel domaine et une heure de travail dans un tout autre domaine. Ainsi, cela n'aurait aucun sens économique de réduire à 20 heures la semaine des programmeurs d'intelligence artificielle dans un souci de partage du temps de travail qui reste à faire, leur expertise étant très recherchée. Réduire la longueur de la semaine des magasiniers, oui. Mais c'est, il faut le reconnaître, seulement parce que les robots existent déjà qui effectuent le même travail, plus vite qu'eux, en faisant moins d'erreurs, et bien meilleur marché. Si l'on peut réduire le temps de travail des magasiniers c'est, soyons francs, parce que leur compétence est obsolète et qu'ils sont, en tant que salariés, d'ores et déjà condamnés.

Livingston offre une série de chiffres situant les salariés aux États-Unis par rapport au seuil de pauvreté. Ainsi, dit-il, un quart des adultes « réellement actifs », selon ses termes, se trouvent au-dessous de ce seuil. À l'heure actuelle, 20 % du revenu des ménages américains, dit-il encore, leur vient d'allocations versées par le système de sécurité sociale. Sans ce complément, c'est la moitié de la population qui serait en dessous du seuil de pauvreté. Aussi, son verdict est sans appel : le salarié ordinaire est d'ores et déjà un assisté et la tendance observée aujourd'hui suggère que les choses ne pourront qu'empirer à l'avenir.

Qu'en est-il en France ?

À première vue, les chiffres sont comparables puisque l'on compte ces années récentes de l'ordre de 14 % de personnes en France sous le seuil de pauvreté, pour un taux de 13 % aux États-Unis. Seule une étude poussée révélerait cependant si ces pourcentages sont véritablement comparables, le seuil de pauvreté étant calculé très différemment dans les deux pays. En France, est « pauvre » la personne dont le revenu est inférieur à 60 % du revenu médian, lequel partage la population en deux moitiés, l'une gagnant davantage et l'autre gagnant moins. Aux États-Unis, le seuil de pauvreté est l'aboutissement d'un calcul faisant intervenir plusieurs facteurs, mais dont l'élément principal est le fait de consacrer plus du tiers des revenus nets du ménage aux dépenses liées à l'alimentation.

Livingston, on le verra, relève l'unanimisme, de la droite à la gauche, en faveur du *plein emploi*, engouement qui demeure imperturbable, et cela malgré l'évolution récente de la donne. Prétendre aujourd'hui que rien n'a changé, que tout est comme avant sur le marché de travail, et que l'on peut toujours espérer réaliser le *plein emploi* qui demeurerait une option envisageable, découle dans le meilleur des cas de la naïveté fondée sur le présupposé d'un ordre immuable, telle qu'on la trouve parfois exprimée par des syndicalistes pour qui « l'univers du travail » est à jamais coulé dans l'airain et, dans le pire des cas, de la mauvaise foi de celui aux yeux de qui le sujet de l'emploi ne mérite plus d'être pris au sérieux car il s'assimile désormais à une simple question de *maintien de l'ordre* : que faire de tous ceux qui ont déjà perdu leur emploi ou qui le perdront bientôt et n'en retrouveront jamais d'autre ?

Qu'est-ce qui avait conduit Keynes à faire du plein emploi l'objectif d'une génération, celle de la Grande Crise ? Un raisonnement : qu'à défaut de pouvoir atteindre un consensus sur l'éventail politique quant à une stratégie particulière qui déboucherait sur une maximisation du bonheur général, il était possible de procéder à l'inverse, à savoir de viser une minimisation du malheur de tous – penser à ce qui produit le plus grand ressentiment dans les populations, et tenter de l'éliminer. Et il avait insisté sur le fait que le plein emploi, qui était pour lui, dans le contexte de l'époque, le moyen idéal de réaliser cette fin de réduire autant que faire se peut le malheur, était une solution d'ordre *politique* et non *économique*. Il se pouvait qu'une rationalité purement économique débouche sur une autre proposition que le plein emploi, disait-il, mais qu'importe, nous parlons de sociétés humaines, faites de femmes, d'hommes et d'enfants, et non d'un univers d'objets matériels dont le sort devrait nous être indifférent.

Quel serait l'équivalent aujourd'hui du plein emploi, dans cette perspective de minimisation du ressentiment au sein des populations ? La réponse me semble évidente : un monde sans argent. Et l'on peut imaginer comme une étape intermédiaire y menant, dans le déroulement de ce qui serait une transition vers ce monde idéal, la gratuité assurée à tous pour l'indispensable, un projet que je préconise personnellement comme une alternative au *revenu universel de base,* mais ne présentant pas le défaut de celui-ci de constituer une incitation à la consommation dans un monde économique où la destruction concomitante de la planète n'est pas prise en compte ; un projet alternatif protégé aussi contre l'avidité de notre finance et de notre économie pour lesquelles de nouvelles allocations aux ménages constitueraient une tentation quasi irrésistible de prédation additionnelle.

Livingston constate le même unanimisme, de la droite à la gauche, que celui observé en faveur du plein emploi, pour affirmer qu'un programme de type RSA ou de *revenu universel de base* accordé à tous ne pourrait être valide qu'à condition de ne pas décourager la recherche d'emploi par ses bénéficiaires. Or ce qu'il prône lui, c'est exactement l'inverse : il faut que les aides ou un revenu universel de base soient une incitation à abandonner toute volonté d'encore travailler. Mais on découvre là l'ambiguïté que j'évoquais d'entrée : s'agit-il chez lui d'une réconciliation avec le constat que le travail disparaît, sur le mode « le renard et les raisins », ou bien d'une opposition fondamentale au dogme du travail comme nécessité de la condition humaine telle qu'on la trouve chez Lafargue dans *Le Droit à la paresse*, quand celui-ci écrit : « Ils ne comprennent pas encore que la machine est le rédempteur de l'humanité, le Dieu qui rachètera l'homme des *sordidæ artes* et du travail salarié, le Dieu qui lui donnera des loisirs et la liberté » ?

Livingston rappelle, vous verrez, que l'idée d'un revenu universel de base n'est pas récente. Dès 1964, une lettre ouverte au président des États-Unis, rédigée par l'influente Students for a Democratic Society, soulignait qu'« il est essentiel de reconnaître que le lien traditionnel entre emplois et revenus est cassé ». L'accent était mis par ses auteurs sur le fait que seule une économie de guerre autorisait encore le plein emploi. Deux ans plus tard, en 1966, la National Commission on Technology, Automation and Economic Progress, nommée par Lyndon Johnson, écrivait dans son rapport : « Nous suggérons que le Congrès étudie sérieusement une "allocation de revenu minimum" ou un "impôt sur le revenu négatif" », lequel signifie qu'au lieu de se contenter d'exempter de l'impôt les ménages dont les revenus n'atteignent pas un certain niveau, ceux qui se trouvent sous la barre bénéficient d'une allocation compensatoire.

Mais bien qu'il préconise ici un *revenu universel de base*, Livingston ne se préoccupe aucunement des aspects pratiques d'une éventuelle mise en œuvre du projet. Une équipe de University College à Londres a, elle, opéré un chiffrage en octobre 2017. Elle a comparé le coût d'un revenu universel de base au Royaume-Uni à celui des « services universels de base », une approche fondée sur la gratuité de l'indispensable identique à celle que je préconise quant à moi. Ces *services universels de base* au Royaume-Uni auraient un coût annuel de 42 milliards de livres contre 250 milliards pour le revenu universel de base, soit un sixième de la somme, coût qui représenterait 2,2 % du PIB britannique, un montant de l'ordre du gérable, contre 13 % pour le revenu universel de base, un chiffre lui bien entendu irréaliste.

Livingston explique l'attachement au plein emploi par l'éthique protestante, par cet idéal d'une *autoréalisation* du travailleur qui, s'il n'est pas encore *indépendant* parce qu'il est toujours *salarié*, aspire à l'être : une fois franchi l'obstacle, il sera son propre maître et s'épanouira dans son affrontement au monde, ou dans son affrontement « à la Nature », pour reprendre les termes de William James (1842-1910), l'un des fondateurs de la psychologie moderne, cité par Livingston dans un texte de 1909 intitulé *L'Équivalent moral de la guerre* : « Si maintenant – et c'est là mon idée – il y avait, au lieu d'une conscription militaire, une conscription de toute la population juvénile pour former pendant un certain nombre d'années une partie de l'armée enrôlée contre la *Nature* [...], notre jeunesse dorée serait mobilisée, selon son choix, aux mines de charbon et de fer, aux trains de marchandises, aux flottes de pêche en décembre, au lavage de la vaisselle, du linge et des vitres, à la construction de routes et de tunnels, aux fonderies et aux bouches de chauffe, à l'armature des gratte-ciels, pour extraire d'elle l'enfance et qu'elle revienne dans la société avec des inclinations plus saines. Elle aurait payé sa taxe de sang, elle aurait fait sa part dans la guerre humaine immémoriale contre la *Nature.* »

Or la gauche, qui par tradition a situé le travail au cœur même des valeurs et des idéaux de générosité et de partage qui sont à sa source, est incapable de prendre conscience du fait que le travail disparaît, et qu'à l'avenir il n'y en aura pas moins, mais plus du tout. Elle ne nie pas la disparition du travail, c'est simplement que, sans lui, elle tombe dans la prostration, le mutisme absolu : elle ne sait tout simplement plus quoi dire. Livingston en conclut, désabusé : « Tous sont les prisonniers inattendus – ou les geôliers ? – de l'éthique protestante du travail » (p. 131). La raison, d'ordre psychanalytique, de cette stupeur : « ce besoin de sublimer est en fait une impulsion à produire un surplus, ce que j'ai appelé le principe de *productivité* » (p. 146), non plus donc l'éthique protestante, mais l'atavisme de l'écureuil obsédé par la constitution d'une provision de noisettes.

De la même manière qu'il a été salutaire pour nous tous (c'est la condition pour que chacun de nous en tant qu'individu soit présent ici et maintenant) que se manifeste en chacun de nous l'instinct de reproduction de l'espèce (quelle que soit la source de distraction qu'il constitue ainsi pour nous), il a été salutaire que nous *aimions* nous coltiner avec le monde pour constituer des réserves, des greniers et, au-delà, pour le plier à notre désir de le rendre différent : plus confortable, mieux en ligne avec ce qui assure notre satisfaction immédiate – tâches pour lesquelles nous avons cessé d'être nécessaires, les machines s'y consacrant désormais à notre place, et à notre entière satisfaction.

Une objection classique aux propositions d'une déconnexion délibérée à l'avenir entre le travail et les revenus est du type : « Le genre humain peut-il s'accommoder de la disparition du travail ? » Or la question ne doit pas être posée dans ces termes, car le choix ne nous est plus véritablement offert : cette disparition est en cours, quoi qu'il puisse arriver désormais.

Notre sevrage vis-à-vis du travail doit s'opérer : le travail disparaît et il est impératif que nous nous fassions à cette idée. Si nous n'y parvenons pas, nous laisserons l'emploi disparaître à sa suite en continuant de blâmer ceux qui échouent à se retrouver du travail dans un marché de l'emploi qui se rétrécit comme peau de chagrin. Si la question n'est pas posée dans les termes qui sont les siens, une alternative éventuelle sera l'élimination un jour par une politique « exterministe » des salariés condamnés à un chômage structurel devenu définitif, réduits à une masse désœuvrée, encombrante aux yeux de la minorité dont les revenus seront procurés par le travail des machines et sans qu'ils doivent eux consentir aucun effort, par le seul miracle de la propriété privée.

À l'arrivée cependant, Livingston ne parvient pas à éviter l'écueil contre lequel toutes les bonnes volontés se sont fracassées jusqu'ici : que le problème de la condition humaine sera résolu aussitôt que… la nature humaine se sera amendée pour atteindre un idéal plus élevé. La solution, dit-il, c'est l'amour.

Soit, et comment en douter en effet ? L'amour, c'est Paul de Tarse qui, pour notre bonheur et notre ravissement, en a dit en son temps tout ce qu'il y avait à en dire :

> J'aurais beau parler toutes les langues des hommes et des anges, si je n'avais pas la charité, s'il me manquait l'amour, je ne serais qu'un cuivre qui résonne, qu'un éclat de cymbale. J'aurais beau avoir le don de la prophétie, tout savoir des mystères et posséder toute la connaissance, j'aurais beau avoir la foi qui déplace les montagnes, s'il me manquait l'amour, je ne serais rien. J'aurais beau distribuer toute ma fortune à ceux qui sont dans le besoin, j'aurais beau abandonner mon corps aux flammes, s'il me manquait l'amour, cela ne me servirait à rien. L'amour prend patience et est bon ; l'amour ne connaît pas l'envie ; il n'est pas vain, ne se gonfle pas d'orgueil ; il ne se conduit pas de manière impropre ; il ne cherche pas son intérêt ; il ignore la provocation ; il ne pense pas à mal ; il ne se réjouit pas de ce qui est injuste, mais il trouve sa joie dans ce qui est vrai ; il supporte tout, il fait confiance en tout, il espère en tout, il endure tout. L'amour ne faillira jamais. Les prophéties failliront, parler en langues cessera, et là où il y avait du savoir, il s'évanouira.
>
> Première épître aux Corinthiens, 13, 1-8.

Mais nous savons aussi que, deux mille ans plus tard, ces splendides paroles nous demeurent tout aussi incompréhensibles qu'au jour où elles furent prononcées, car si nous les admirons sans réserve, nous ignorons toujours comment les mettre en œuvre.

Quand Josiah Warren (1798-1874), qui serait l'un des fondateurs du mouvement anarchiste américain, s'interrogea sur ce qui avait fait échouer les idéaux les plus élevés de la cité idéale de New Harmony fondée dans l'Indiana en 1825 par 900 disciples de Robert Owen (1771-1858), l'inventeur de la coopérative, il écrivit :

> Nous avions un monde en miniature – nous avions reparcouru les étapes de la Révolution française, produisant nous des cœurs désespérés plutôt que des cadavres… Il nous apparaissait que nous avions été vaincus par l'une des lois propres à la nature, qui est celle de la diversité… Ce que nous appelions nos « intérêts unifiés » était en réalité en conflit direct avec les individualités des personnes et des circonstances et avec l'instinct de survie lui-même.
>
> *Periodical Letter II*, 1856.

Le génial précurseur de la littérature de science-fiction que fut H. G. Wells (1866-1946), l'auteur de *La Machine à explorer le temps* (1895), cité par William James dans son essai sur *L'Équivalent moral de la guerre*, déclarait sur un ton mi-figue mi-raisin à propos du travail, et de l'armée sous ce rapport, alors qu'il était pourtant pacifiste dans l'âme : « Ici, au moins, les hommes ne sont pas privés d'emploi et condamnés à la déchéance parce qu'il n'y a pas de travail à effectuer dans l'immédiat. Ils reçoivent un entraînement et une formation en vue de meilleurs services. Ici, au moins, un homme est censé accéder à une promotion à travers l'oubli de soi et non par le biais de l'égocentrisme. »

La nature humaine s'accomplirait-elle donc seulement par la guerre contre « la Nature » ou par la guerre tout court ? Ou bien faudrait-il, les pieds fermement sur terre, que nous lancions plus pacifiquement la jeunesse à l'assaut des étoiles, pour que l'aspiration atavique du genre humain à l'exploration et à la colonisation retrouve un exutoire d'une qualité supérieure aux jeux vidéo et aux rixes à la sortie des bars à minuit ?

La solution dont ne parle pas Livingston, c'est qu'au train où nous allons, si nous voulons survivre en tant qu'espèce, nous n'aurons en effet pas d'autre choix que d'aller conquérir les étoiles. Ressentir les terrifiantes trépidations au départ de la fusée, être tourmentés par la peur de manquer d'oxygène, par la crainte de voir nos yeux exploser du fait de la dépressurisation, alors peut-être connaîtrons-nous à nouveau le sentiment de vivre pleinement. Nous n'étions pas nés pour regarder seulement le foot à la télé, ou de quelconques mélodrames ressassant à l'infini le tumulte de la guerre de Troie qui secoua le monde en son temps, ou l'exaltation de la folle conquête du Far West contre ses incompréhensibles et cruels occupants avant nous. De naissance, nous sommes explorateurs exaltés de continents inconnus, navigateurs intrépides d'océans hostiles à nos entreprises, vainqueurs d'abysses insondables et gravisseurs de cimes inaccessibles. Le reste du temps, avouons-le, nous nous tournons les pouces et nous ennuyons ferme. Mais ne nous inquiétons pas : les nouveaux défis nous combleront. En vérité, nous n'avons encore rien vu !

Paul Jorion

# Avant-propos

# 1

J'ai passé ma vie à travailler. C'est sans doute pourquoi j'ai écrit ce livre – je n'en peux plus. Attention : j'ai encore deux livres sur le feu, et j'aime bien faire cours. Par ailleurs, je dois renflouer mon épargne retraite, qui a été siphonnée par la crise de 2008 ainsi que par mon ex-femme. Mais j'aimerais ne pas avoir à travailler. Ou à vouloir travailler.

Ce livre est la suite du précédent, *Contre l'épargne* [1], que le public a considéré – peut-être à juste titre – comme un mix schizophrénique d'histoire économique et de philosophie morale. (On peut le télécharger gratuitement, alors foncez.) La gauche a applaudi la partie historique, parce que je démontrais la décrépitude économique et l'imbécillité éthique du capitalisme. Mais elle a critiqué la partie philosophique, où j'expliquais que la culture de consommation était un univers moral supérieur à la culture fondée sur la production de biens – la culture liée au travail. Du côté de la droite, eh bien, j'avais tout faux, au motif que le capitalisme, c'est bien, tandis que la culture de consommation, c'est mal, comme si ces phénomènes n'étaient pas connectés.

Dans ce livre, je reprends ce que j'ai dit sur l'économie dans *Contre l'épargne*, mais j'élargis mon réquisitoire à l'univers moral où nous sommes censés gagner notre vie si nous voulons être des humains dignes de ce nom – où un « travail ayant du sens * » et la production de biens sont censés nous être plus profitables qu'une vie de loisir et la consommation de biens.

Le refrain qui scande ce livre est d'une simplicité brutale : *Fuck work* **. Ce n'est pas seulement un joli slogan. Il nous indique la direction que notre avenir doit prendre, si nous voulons rester en vie. Car notre productivité est en train de nous tuer. Il est temps de dire : « Stop – fin du travail. »

* *Meaningful work*. L'expression reviendra souvent. Elle désigne un travail à la fois utile à la société et enrichissant pour celui qui l'accomplit. [Toutes les notes de bas de page sont du traducteur.]

** Le traducteur, après avoir vainement tenté de rendre l'expression en français, consterné par l'artificialité ou la grossièreté du résultat, a préféré, confiant dans la culture linguistique du public français, laisser l'expression dans sa langue originale.

En utilisant le mot qui commence par F *, est-ce que je maltraite le lieu où notre personnalité individuelle s'est construite, et où s'inscrira notre impact sur l'avenir, pour le meilleur et pour le pire ? Regardez l'énorme travail qu'il y a à faire, toute l'éducation des enfants, et la rénovation des infrastructures croulantes. Vous allez leur dire *fuck* ? Regardez ce que nous *apprenons en faisant*, en fabriquant des choses, en produisant le monde que nous habitons, au lieu de consommer passivement des biens fabriqués par d'autres. Vous allez dire *fuck* à tout ça également ?

Non. Il y a énormément de travail socialement bénéfique qui doit être fait, mais il n'est plus désormais socialement nécessaire, c'est-à-dire qu'il ne paie pas. Le marché du travail ne fonctionne plus, et il ne peut pas être réparé. Ou encore : il a été *parachevé*, en cette fin des temps d'un capitalisme paroxystique, où l'« élasticité de substitution » entre capital et travail – entre les machines et les êtres humains – approche la parité. Traduction : nous avons perdu la course avec les machines, mais nous avons du coup gagné notre liberté : nous pouvons nous soustraire à la main de fer de la nécessité économique.

* Littéralement : « F-word », comme nous disons « le mot de Cambronne ».

Posez-vous la question : pourquoi l'information est-elle gratuite ? Et la musique ? Et les films ? Je réponds dans ce livre que le temps de travail socialement nécessaire est devenu ou est en train de devenir « sans valeur », dans la mesure du moins où le système des prix peut définir sa valeur. Quel que soit notre regard sur la situation – qu'on voie le marché du travail comme cassé ou parachevé –, le travail ne peut plus servir de fondement disciplinaire à la formation de notre personnalité, ou de source légitime de notre revenu, ou encore de registre où se lit la valeur de notre vie. Alors soyons réalistes : *Fuck it.*

## 2

Jadis l'éthique protestante du travail fut une attitude et une force sociale contribuant à l'égalisation des conditions, donc à la démocratisation de la société. Elle permit de critiquer l'aristocratie, exemptée de l'obligation de travailler, en affirmant que chacun devait justifier sa consommation de biens par une production de valeur préalable – chacun. Mais, dès le départ, dès l'insistance de Luther sur la « vocation », ce fut une sorte de

« morale d'esclave » : sur ce point, Hegel, Marx, Nietzsche et Freud sont d'accord, chacun à sa façon. Cette morale invoquait l'avenir pour justifier la renonciation au présent et l'abstinence : « épargner en prévision des temps difficiles », accumulant les possibles sacrifiés dans l'espoir qu'une rédemption – sacrée ou profane, selon que le ciel ou l'argent soit en cause – s'ensuivrait.

Alors, quand je dis *Fuck work*, je veux dire que cette façon de penser ne fonctionne plus, ni comme boussole morale ni comme sextant économique. Vous ne gagnerez aucune personnalité en allant travailler au salaire minimum, parce que votre avenir professionnel est entre les mains des gangsters ou des idiots qui travaillent dans les sièges sociaux. Vous n'apprendrez rien sur la rationalité du marché, parce que ce sont les mêmes qui décident de vos revenus.

Je veux dire, en outre, que la morale d'esclave de la renonciation et de l'abstinence a perdu son utilité. Elle est obsolète, pour une raison évidente : si nous continuons à travailler aussi dur que possible, en produisant autant qu'on le fait, nous allons incinérer la planète. Au-delà – mais est-ce qu'il y a un au-delà à ça ? –, ce report de gratification que nous nommons travail est devenu aujourd'hui répression plus que sublimation. Le travail aujourd'hui ne se contente pas de différer nos désirs et de les rediriger vers des canaux socialement utiles ; il les mutile. Jadis, travailler était une façon de découvrir ou de développer vos capacités. Aujourd'hui, c'est devenu une façon de s'éviter.

En disant *Fuck work*, je veux dire enfin que la corrélation travail/revenu étant déjà en elle-même incompréhensible et injustifiable, nous devons les découpler, en suivant la leçon que nous ont donnée les prestations sociales, les allocations, les bonus de Wall Street, et, dans la vraie vie, l'expérience de travailler pour un salaire garanti, à savoir : *que, pour le meilleur ou pour le pire, recevoir quelque chose pour rien n'a pas d'effet mesurable sur la personnalité des récipiendaires.*

Ce fait empirique nous propulse dans un univers moral où le travail ne peut rien nous apprendre à votre sujet. Si ce n'est que, comme moi, vous êtes obligé de travailler.

## 3

Dans ce livre, je ne vais pas vous entretenir d'histoire économique. Mais je crois en revanche qu'il vaut la peine de passer en revue les éléments de base. Voici donc mon cours d'histoire économique en 180 secondes *. Pas plus, promis.

Jadis, au XIX^e siècle, la croissance économique dépendait des augmentations nettes du stock de capital et de la main-d'œuvre. Autrement dit, la croissance était fondée sur plus de machines – (« installations physiques et équipement », comme ils disent) – et plus de travailleurs actionnant ces machines. L'investissement privé net montait, le stock de capital par travailleur augmentait, ainsi que l'emploi et le taux de participation au marché du travail. Une grande partie de cet investissement se matérialisait sous la forme de machines permettant de faire des économies de main-d'œuvre – usines et équipements éliminaient les travailleurs –, mais *il fallait bien que quelqu'un construise ces machines*, de sorte que la demande de travail continua à augmenter.

Depuis 1919, la croissance a fonctionné autrement. L'investissement privé net s'est mis à décliner, ainsi que l'emploi dans la production de biens. Mais la croissance a continué, même dans

* Littéralement : sous forme de « Cliff/Spark Notes », allusion à des sites résumant les livres, permettant ainsi par exemple aux adolescents de ne pas lire les livres que leurs professeurs leur demandent de lire.

les années 1930. Ces tendances ont perduré pendant presque un siècle. Et ensuite ?

Si la croissance n'a plus besoin d'augmentations nettes du stock de capital, ou d'investissement privé net – ce qui signifie simplement utiliser les profits pour acquérir de nouvelles usines et de nouveaux équipements, et pour payer la main-d'œuvre qui les fait fonctionner –, les bénéfices des sociétés deviennent inutiles, superflus, et même dangereux, puisqu'ils ne peuvent pas être réinvestis de manière productive. Ils sont un surplus de capital, rien de plus, rien de moins. Par conséquent, les bulles spéculatives et les crises financières deviennent le modèle normal et prévisible du développement économique, et non pas des perturbations inattendues de l'équilibre du marché.

Et si la croissance n'a plus besoin d'ajouts nets à la main-d'œuvre, le travail ne peut plus être justifié par l'invocation de la nécessité économique, et il faut donc découpler le revenu et le travail – le plein emploi devient une illusion.

Si donc la croissance ne requiert ni plus de capital ni plus de main-d'œuvre, moins de travail et plus de loisir deviennent la clé non seulement de la vie bonne, comme le disait John Maynard Keynes, mais de la vie en tant que telle.

Dès lors, si nous voulons sauver la planète et nous avec elle, nous devons travailler moins, pas plus. Voilà ce que je veux dire quand je dis *Fuck work* !

# Introduction

# 1

Le travail est tout pour nous. Depuis des siècles – depuis, disons, 1650 –, nous croyons qu'il forme le caractère (ponctualité, initiative, honnêteté, autodiscipline, etc.). Et nous croyons aussi que le marché de l'emploi, où nous allons chercher du travail, s'est avéré plutôt efficace comme pourvoyeur d'opportunités et de revenus. Et nous croyons que, même si notre boulot est horrible, il n'en donne pas moins un sens, un but et une structure à nos vies – en tout cas, nous sommes à peu près convaincus qu'il nous tire du lit le matin, paie les factures, nous rend responsables, et nous empêche de passer la journée devant la télé.

Ces convictions ne sont plus tenables aujourd'hui. En fait, elles sont devenues grotesques, parce qu'il n'y a pas assez de travail pour tout le monde, et que le travail qu'il y a ne paiera pas les factures – à moins, bien sûr, que vous n'ayez déniché un emploi de dealer ou de banquier, devenant ainsi gangster dans un cas comme dans l'autre.

Ces derniers temps, face à cet effondrement du marché du travail, tout le monde, de la gauche à la droite – de Dean Baker à Arthur C. Brooks –, continue à invoquer le plein emploi, comme s'il allait de soi qu'avoir un job, aussi dangereux soit-il, ou pénible, ou humiliant, fût une bonne chose. Mais ce n'est pas avec le « plein emploi » qu'on va restaurer notre foi dans le travail, la discipline, ou tout ce que vous voudrez (notez qu'aux États-Unis le taux de chômage officiel est déjà passé sous les 6 %, ce qui est assez proche de ce que les économistes appelaient autrefois le plein emploi). Des jobs merdiques pour tout le monde, cela ne résoudra aucun des problèmes sociaux auxquels nous sommes confrontés.

Ne me croyez pas sur parole, regardez les chiffres. Un quart des adultes *réellement actifs* aux États-Unis sont payés trop peu pour vivre au-dessus du seuil de pauvreté officiel – de sorte qu'un enfant américain sur quatre vit dans la pauvreté. Presque la moitié des adultes *actifs* dans ce pays ont droit aux coupons alimentaires (la plupart de ceux qui y ont droit ne les demandent pas). Le marché de l'emploi s'est effondré en même temps que la plupart des autres.

Les jobs qui ont disparu dans la crise de 2008 ne vont pas revenir, quoi qu'en dise le taux de chômage – le gain net de jobs depuis 2000 est toujours à zéro – et s'ils reviennent du royaume des morts, ce seront des jobs zombies : hasardeux, à temps partiel, ou bien des jobs payés au salaire minimum, avec des patrons qui changent vos horaires d'une semaine sur l'autre : bienvenue chez Walmart, où les coupons alimentaires sont un complément de salaire.

Et ne me dites pas qu'augmenter le salaire minimum à 15 dollars résoudra le problème *. Personne ne mettra en doute la valeur morale de ce geste. Mais à ce niveau-là de salaire minimum, même si vous travaillez 40 heures par semaine – une durée difficile à atteindre dans les fast-foods – vous êtes toujours sous le seuil de pauvreté. Je le demande : quel sens ça a de gagner un salaire qui ne permet pas de vivre, à part le fait de prouver que vous avez une éthique du travail ?

Mais peut-être n'est-ce qu'une phase transitoire du cycle économique ? Que sera à l'avenir

* Allusion au *Fight for $15*, vaste mouvement social exigeant la hausse du salaire minimum, celui-ci n'ayant pas été réévalué malgré l'inflation.

le marché du travail ? Les prédictions des malthusiens, ces maudites Cassandre, n'ont-elles pas été constamment démenties par la hausse de la productivité, l'émergence de nouveaux secteurs d'activité pour les entreprises et de nouvelles opportunités économiques ? Eh bien, oui – jusqu'à maintenant. Car aujourd'hui, les tendances mesurables du dernier siècle, ainsi que les projections pour le prochain demi-siècle, sont trop fondées empiriquement pour être congédiées comme du pessimisme scientifique ou des absurdités idéologiques. Elles ressemblent aux données sur le changement climatique – vous pouvez les rejeter si ça vous fait plaisir, mais vous aurez l'air d'un pauvre type.

Les économistes d'Oxford qui étudient les tendances du marché de l'emploi nous disent que, dans les vingt ans à venir, l'informatisation risque de faire disparaître les deux tiers des jobs existants, y compris les « tâches cognitives non routinières » (*non-routine cognitive tasks*) – vous savez, *penser* par exemple. Ces chercheurs travaillent à partir des conclusions de deux économistes du MIT, dans un livre de 2012 intitulé *Race Against the Machine* [1] (« La course contre la machine »). Entre-temps, les types de la Silicon Valley qui donnent des conférences TED ont commencé à parler des « humains en surplus » qui résulteront de ce processus – la production cybernétique. *Rise of the Robots* (« L'Ascension des robots »), le titre du livre qui cite ces sources, est de la science sociale, pas de la science-fiction.

Bref, la crise que nous vivons est une crise morale, tout autant qu'une catastrophe économique. On pourrait même dire que c'est une impasse spirituelle, car elle nous oblige à nous demander quel échafaudage social autre que le travail permettra la construction de la personnalité – ou encore si la personnalité elle-même est quelque chose à quoi nous devons aspirer. Mais c'est aussi pourquoi c'est une opportunité intellectuelle : elle nous force à imaginer un monde où ce n'est plus le travail qui construit notre caractère, décide de nos revenus, et gouverne nos vies au jour le jour.

En un mot, cette crise nous invite à dire : « Ça suffit, *fuck work.* »

## 2

Une chose est sûre, cette crise oblige à poser la question : Y a-t-il une vie *après* le travail ? Que feriez-vous sans votre job, cette discipline externe qui organise votre vie éveillée – cet impératif social qui vous fait sortir du lit le matin, vous conduit à l'usine, au bureau, à la boutique, au magasin, au restaurant, où que vous travailliez, et auquel vous retournez jour après jour, quelle que soit votre haine pour lui ? Que feriez-vous si vous n'aviez pas besoin de travailler pour percevoir un revenu ?

Et à quoi ressembleraient la société et la civilisation si nous n'avions pas à *gagner* notre vie – si le loisir, au lieu d'être notre choix, était notre condition ? Est-ce qu'on glanderait au Starbucks du coin, devant l'écran de nos ordinateurs ? Est-ce qu'on irait faire l'école aux enfants dans des pays sous-développés, comme le Mississippi ? Est-ce qu'on fumerait de l'herbe toute la journée en regardant de la télé-réalité ?

Je ne suis pas en train de proposer une expérience mentale. Je pose des questions qui sont aujourd'hui des questions *pratiques*, parce qu'il n'y a pas suffisamment de jobs. Il est donc temps de poser des questions encore plus pratiques. Comment fait-on pour vivre *sans un job* – est-ce qu'on peut percevoir un revenu sans le gagner en travaillant ? Est-ce que c'est possible, pour commencer. Et ensuite, la question difficile : est-ce que c'est éthique ? Si vous avez été élevé dans l'idée que le travail est l'indicateur de votre valeur sociale – comme la plupart d'entre nous –, est-ce que vous auriez l'impression de tricher en percevant quelque chose pour rien ?

On a déjà quelques réponses provisoires, car on est tous au chômage, plus ou moins. La part du revenu des ménages qui a le plus augmenté depuis 1959, ce sont les prestations sociales du gouvernement. Au début du XXIe siècle, 20 % de *tous* les revenus provenaient de cette source – qu'on parle d'« État-providence » ou d'« allocations ». Sans ce supplément de revenu, *la moitié* des adultes *ayant un emploi à plein temps* vivraient sous le seuil de pauvreté, et *la plupart* des Américains qui travaillent pourraient avoir droit aux coupons d'alimentation.

Mais ces prestations sociales et ces allocations, avons-nous les moyens économiques, mais aussi moraux, de nous les offrir ? En les distribuant continuellement, en les augmentant, est-ce que nous subventionnons la paresse ? Ou est-ce que nous contribuons au débat sur les principes d'une vie bonne ?

Prestations sociales et allocations, pour ne rien dire des bonus de Wall Street – en parlant de recevoir quelque chose pour rien –, nous ont appris à concevoir séparément le fait de percevoir un revenu et celui de produire des biens. Mais maintenant, confrontés à la fin du travail, la leçon doit être repensée. Peu importe comment vous calculez le budget fédéral : nous pouvons nous permettre d'être « le gardien de notre frère * ». La vraie question, ce n'est pas si nous pouvons l'être, mais comment nous choisirons de l'être.

## 3

Je sais ce que vous pensez – on ne peut pas se permettre ça ! Mais si, on peut, très facilement. On augmente le plafond arbitraire de contribution à la sécurité sociale, qui est aujourd'hui à 113 700 dollars, et on augmente le taux d'imposition des entreprises : une révolution Reagan à l'envers. Ces deux mesures suffiront à résoudre un faux problème fiscal et à créer un surplus économique là où nous constatons aujourd'hui un déficit moral.

Évidemment, vous m'objecterez, comme tous les économistes de gauche comme de droite,

* Allusion à la phrase qu'adresse Caïn à Dieu, lorsque ce dernier lui demande où se trouve son frère Abel (qu'il a tué) : « Suis-je le gardien de mon frère ? » (*Genèse*, 4, 9).

comme Dean Baker ou Greg Mankiw, qu'augmenter le taux d'imposition des entreprises découragera l'investissement, donc la création d'emplois. Et que les entreprises se délocaliseront outre-mer, à la recherche de taux d'imposition inférieurs.

Mais en fait, augmenter le taux d'imposition des entreprises *ne peut pas* avoir ces effets.

Revenons en arrière. Cela fait un bon bout de temps maintenant que les firmes sont multinationales. Dans les années 1970 et 1980, avant les réductions d'impôts initiées par Reagan, environ 60 % des biens manufacturés importés étaient produits à l'étranger, *par des entreprises américaines.* Ce pourcentage a augmenté depuis, bien que faiblement.

Ce n'est pas les travailleurs chinois, le problème – c'est la stupidité de la comptabilité des entreprises. C'est la raison pour laquelle l'arrêt Citizens United (2010) est grotesque *. L'argent

* Cet arrêt de la Cour suprême, qui a fait scandale, permet aux entreprises de financer les campagnes électorales américaines sans restriction, en se fondant sur le premier amendement de la Constitution, qui garantit la liberté d'expression (*free speech*). Dans la mesure où ce dernier est illimité, il n'y a pas de raison d'empêcher les entreprises de faire entendre leur voix en soutenant tel ou tel candidat.

n'est pas une forme d'expression, pas plus que le bruit. La Cour suprême a donné vie à un être d'un genre nouveau, à partir du droit coutumier, créant ainsi une réalité plus terrifiante que son équivalent cinématographique, *Frankenstein*, *Blade Runner* ou, plus récemment, *Transformers*.

Mais ce qui compte, c'est ceci : la plupart des jobs ne sont pas créés par l'investissement des entreprises privées ; par conséquent augmenter le taux d'imposition des entreprises n'affectera pas l'emploi. Vous m'avez bien entendu. Depuis les années 1920, la croissance économique s'est faite même quand l'investissement privé net s'atrophiait. Qu'est-ce que ça veut dire ? Ça veut dire que les profits ne servent à rien, à part annoncer à vos actionnaires (et aux spécialistes des OPA hostiles) que votre entreprise est une affaire qui se porte à merveille. On n'a pas besoin de profits pour réinvestir, pour financer l'expansion de votre main-d'œuvre ou de votre production, comme l'a amplement démontré l'histoire récente d'Apple et de la plupart des entreprises.

Par conséquent, les décisions des PDG n'ont qu'un effet marginal sur l'emploi. Taxer les profits des entreprises pour financer un État-providence qui nous permettra d'aimer nos prochains et d'être le gardien de notre frère n'est pas un problème économique. C'est quelque chose d'autre – c'est une question intellectuelle, une énigme morale.

## 4

Si nous plaçons notre foi dans le travail, c'est qu'on voit en lui une école du caractère. Mais nous avons aussi l'espoir, sinon l'attente, que le marché du travail distribuera les *revenus* de façon juste et rationnelle. Et c'est là qu'est le hic : les deux vont réellement ensemble. Le travail peut être une école du caractère, mais seulement lorsqu'il existe une relation intelligible, justifiable, entre les efforts passés, les compétences acquises, et la récompense présente. Mais quand je vois que votre salaire est complètement disproportionné par rapport à la valeur réelle de votre production, aux biens durables que vous mettez à la disposition des autres (et par « durable » je n'entends pas seulement des choses matérielles), je ne crois plus que travailler dur soit une école du caractère.

Quand je vois, par exemple, que vous gagnez des millions en blanchissant l'argent de la drogue (HSBC), en refourguant des titres sans valeur à des gérants de fonds d'investissement (AIG, Bear Stearns, Morgan Stanley, Citibank), en choisissant vos proies parmi les emprunteurs à faible revenu (Bank of America), en achetant des votes au Congrès (toutes les banques et compagnies d'assurance précitées) – bref, le train-train de Wall Street –, tandis que j'arrive à peine à joindre les deux bouts avec mon job à temps plein, je me rends bien compte que ma participation au marché du travail est irrationnelle. Je sais que demander à mon travail d'être une école du caractère est une idée stupide, parce que c'est le crime qui paie. Je ferais mieux de devenir un gangster comme vous.

Voilà pourquoi une crise économique comme celle de 2008 est aussi un problème moral, une impasse spirituelle – et une opportunité intellectuelle. Nous avons tant investi dans la valeur sociale, culturelle et éthique du travail que, lorsque le marché du travail s'effondre, comme il l'a fait spectaculairement, nous sommes incapables d'expliquer ce qui s'est passé, ou de nous orienter vers d'autres façons de penser le travail et les marchés.

En disant « nous », je veux dire à peu près tout le monde, à gauche comme à droite : car tout le monde veut remettre les Américains au travail – le plein emploi est l'objectif des politiciens de droite comme des économistes de gauche. Les différences concernent les moyens, pas les fins, et ces fins incluent des intangibles, comme la formation du caractère.

Autrement dit, tout le monde en a rajouté sur les bienfaits du travail, au moment précis où il disparaît. Le « plein emploi » est devenu un objectif bipartisan au moment précis où il est devenu à la fois impossible et inutile.

## 5

Pourquoi ?

Parce que le travail est tout pour nous – qu'il soit ou non une digne école du caractère, qu'il distribue les revenus rationnellement ou non –, indépendamment de la nécessité de gagner sa vie. Depuis que Platon a corrélé l'artisanat et la possibilité des Idées, le travail est le paradigme incontournable de nos façons de penser la vie bonne. Le travail a été notre façon de défier la mort, en fabriquant et en réparant des choses durables, des choses qui ont un sens, et dont nous savons qu'elles dureront au-delà du temps qui nous est assigné sur cette terre.

Mesurez l'ampleur de cette idée. Le travail a été par exemple, jusqu'à récemment, notre façon de faire valoir les différences entre les hommes et les femmes en identifiant le père à celui qui « gagne le pain ». Depuis le XVII$^{e}$ siècle, masculinité et féminité ont été définies par leur place dans l'économie morale, les hommes recevant un salaire pour leur production de biens, et les femmes ne recevant rien pour leur production et leur gestion de la famille. Bien sûr, ces définitions sont en train de changer, en même temps que celle de « famille », en même temps que d'autres changements profonds dans le marché du travail – l'entrée des femmes n'en est qu'un parmi d'autres – et dans les attitudes vis-à-vis de la sexualité.

Quand le travail disparaît, les genres produits par le marché du travail voient s'estomper leurs différences. Quand le travail socialement nécessaire diminue, ce qu'on appelait autrefois le *travail des femmes* – éducation, santé, services – devient notre industrie de base, et non un secteur tertiaire de l'économie mesurable. Le travail consistant à aimer, à prendre soin, à apprendre à être le gardien de son frère – travail socialement bénéfique – ne devient pas seulement possible, mais plus nécessaire que jamais, et pas seulement à l'intérieur des familles, où l'affection fait partie de la routine. Non, je veux dire dehors, dans le vaste monde.

Le travail a aussi été depuis toujours une façon de produire du « capitalisme racial » à la mode américaine : travail des esclaves, des détenus, des métayers, marché de l'emploi ségrégué – bref : un système économique fondé sur la libre entreprise *et* sur la destruction des corps des Noirs, un édifice économique animé, saturé, déterminé par le racisme. *Le marché de l'emploi aux États-Unis n'a jamais été libre.* Comme tous les autres marchés, il a toujours été encadré par des discriminations légales et systématiques contre les Noirs. On pourrait même dire que ce marché encadré *a produit* les stéréotypes toujours en vigueur sur la paresse des Noirs : en excluant les travailleurs noirs des emplois lucratifs, en les confinant dans le ghetto des journées de huit heures.

Et pourtant, pourtant… Bien que le travail ait souvent entraîné soumission, obéissance et hiérarchie (voyez ci-dessus), c'est aussi à travers le travail que nous avons exprimé notre désir humain le plus profond : être libre de toute autorité ou obligation imposée extérieurement, être autosuffisants. Depuis des siècles, nous nous définissons par ce que nous faisons, par ce que nous *produisons.*

Mais aujourd'hui, il est temps de comprendre que cette définition de nous-mêmes implique le principe de productivité – de chacun selon ses capacités à chacun selon sa création de valeur réelle à travers le travail – et nous lie à l'idée absurde selon laquelle nous ne valons que ce que le marché peut enregistrer. Aujourd'hui, il est également temps de comprendre que ce principe a pour horizon une croissance sans fin, avec son corollaire, la dégradation de l'environnement.

Jusqu'à maintenant, le principe de productivité a été le principe de réalité rendant plausible le rêve américain : « Travaille dur, respecte les règles, va de l'avant » ; ou encore : « Tu reçois en fonction de ce que tu payes, c'est toi qui décides, et tu percevras légitimement le salaire que tu auras gagné honnêtement » – ces homélies, ces exhortations donnaient un sens au monde. En tout cas, elles ne sonnaient pas faux. Maintenant si.

L'adhésion au principe de productivité menace la santé publique et la planète – en nous demandant l'impossible, elle s'avère une pure et simple folie. C'est ce que disait à peu près un prix Nobel d'économie, quand il attribuait les taux de mortalité anormaux des Blancs dans la Bible Belt au fait qu'ils avaient « perdu le sens de leur vie », c'est-à-dire perdu leur foi dans le rêve américain.

Chez eux, l'éthique du travail, parce qu'ils ne peuvent pas la vivre, se transforme en sentence de mort [2].

La fin imminente du travail nous confronte donc aux questions les plus fondamentales sur le sens que nous donnons à la vie humaine. Pour commencer, quels buts pourrions-nous nous donner si le travail – nécessité économique – ne consommait pas nos heures de veille en même temps que notre énergie créatrice ? Quels possibles, évidents mais encore inconnus, verrait-on surgir ? Comment la nature humaine changerait-elle si l'antique privilège de l'aristocratie, le loisir, était reconnu comme un droit inaliénable de tous ?

Sigmund Freud affirmait que l'amour et le travail constituaient les ingrédients essentiels d'un être humain en bonne santé. Il avait bien sûr raison. Mais l'amour peut-il survivre à la fin du travail ? Pourra-t-on laisser des gens percevoir quelque chose sans rien faire en échange, et continuer à les traiter comme des frères et des sœurs – comme des membres d'une même communauté ? Pouvez-vous concevoir le moment où, ayant à peine fait la connaissance d'un bel inconnu ou d'une belle inconnue, vous ne demanderez pas : « Et donc, qu'est-ce que vous faites dans la vie ? »

Nous ne pourrons pas répondre à ces questions tant que nous n'aurons pas admis que le travail est tout pour nous – et qu'il n'y en aura bientôt plus.

# Chapitre I

# Le Family Assistance Plan et la fin du travail

# 1

Le 17 avril 1970, par une majorité de 243 contre 155, la Chambre des représentants a voté une loi instaurant un revenu annuel garanti pour tous les citoyens américains dans le besoin. Une majorité substantielle du Congrès a donc dit « *Fuck work* ! ». Ou presque.

Ces parlementaires n'étaient pas des utopistes à peine sortis de leurs campus ni des culs-terreux ignorant tout du monde. C'était des citoyens conscients, qui accordaient leur vote en se fondant sur des raisons solides. Ils avaient lu les recommandations de trois puissantes commissions présidentielles consacrées à la question du chômage. Ils avaient aussi des raisons empiriques de soutenir la réforme de l'État-providence voulue par Richard Nixon, qu'il appelait son Family Assistance Program (FAP).

Surtout, ils pouvaient se fonder sur une étude en cours consacrée au maintien des revenus, supervisée par l'Office of Economic Opportunity (OEO) – tenu par deux jeunes loups protégés par Nixon, Donald Rumsfeld et Dick Cheney.

Rumsfeld et Cheney, ces archiconservateurs de notre temps, ont mené le combat visant à l'instauration d'un revenu annuel garanti. Quel romancier oserait inventer une histoire pareille ?

En réalité, c'était la conclusion logique d'un long et tortueux débat. De 1910, année où William James publia *L'Équivalent moral de la guerre*, aux années 1990, des écrivains, artistes et intellectuels américains étudièrent, célébrèrent ou redoutèrent l'imminente fin du travail. Les politiciens, de leur côté, se demandaient comment y remédier. La gauche romantique, comme le tout-venant du monde politique, réfléchissait au même problème, ou à la même promesse : qu'est-ce qui se passe quand il n'y a plus de travail ?

Aujourd'hui, la gauche, de la gauche sociale à la gauche libérale en passant par toutes les nuances intermédiaires, n'a qu'une réponse : plein emploi. Il en va de même pour la droite, qu'il s'agisse de la droite libertarienne, conservatrice, évangélique, etc. Tout le monde veut, avant tout, créer plus d'emplois.

Mais il y a quarante-cinq ans, la gauche et la droite s'accordaient sur l'*autre* réponse. Redisons-le : le 17 avril 1970, la Chambre des représentants vota résolument en faveur d'une loi instaurant un revenu annuel garanti pour tous les citoyens américains dans le besoin.

## 2

L'étude de l'OEO était due à Heather Ross, une doctorante en économie du MIT. C'était un rêve d'universitaire : un projet de thèse transformé en politique fédérale. Ross voulait mener une enquête empirique pour répondre aux questions les plus basiques posées par les « paiements de transfert » (ce que nous appelons maintenant les « allocations »). Est-ce que les gens continueraient à travailler si le gouvernement leur garantissait un revenu permettant de vivre au-dessus du seuil de pauvreté ? Est-ce qu'ils deviendraient des fainéants mollassons ravis de dépendre de l'État ?

Les collègues de Ross à la Brookings Institution *, dont elle était membre depuis 1967, transmirent la proposition à leurs relations de

* La Brookings Institution est l'un des plus vieux et des plus importants *think tanks* américains.

l'OEO, qui offrit de financer l'expérience. Celle-ci fut confiée à l'Institute for Research on Poverty de l'université du Wisconsin. Ross participa à l'enquête en tant que consultante du Mathematica Policy Research, un *think tank* de Princeton travaillant déjà pour l'Institut de recherche du Wisconsin. Mais son vrai patron était James O. Wilson, directeur de recherche à l'OEO, ainsi que ses patrons à lui – Rumsfeld et Cheney –, qui devaient concevoir le rapport destiné à fonder le FAP de Nixon.

La thèse de Ross fut désignée plus tard comme « L'expérience d'incitation au travail d'une doctorante du New Jersey » (*New Jersey Graduated Work Incentive Experiment*). Notez ce titre : un revenu garanti apparaît comme une incitation au travail. Ce double langage permettait une latitude politique qui disparut dans les années 1980. Cette enquête devint le modèle de quatre autres expériences de politique sociale, chacune conçue et exécutée à grande échelle. Trois furent menées aux États-Unis – à Gary, Seattle, Denver, et dans des comtés pauvres des régions rurales de l'Iowa et de la Caroline du Nord, entre 1969 et 1982. La quatrième, et la plus ambitieuse, fut menée au Canada, au Manitoba, dans la petite ville de Dauphin, entre 1974 et 1979 (nous y reviendrons).

L'« Expérience du New Jersey » enquêtait sur les familles à faibles revenus des « aires urbaines déclinantes » (*declining urban areas*) : 1 357 ménages patriarcaux, à Trenton, Passaic, Paterson, Jersey City, et, mystérieusement, Scranton, en Pennsylvanie (le New Jersey avait-il annexé les districts miniers ?), étudiés sur une période de trois ans à partir de 1968. Le revenu supplémentaire accordé à ce groupe était de 1 100 dollars, ce qui amenait le revenu moyen des ménages à 5 348 dollars (ce qui ferait en 2018 environ 33 000 dollars). Le groupe de contrôle vivait sans cette somme, soit quasiment au niveau du seuil de pauvreté de 4 000 dollars [1].

Est-ce que ces hommes et ces femmes travailleraient moins ? Est-ce que le fait de percevoir un revenu sans avoir à travailler changerait leur attitude, leur personnalité, leur éthique du travail ?

Le rapport intérimaire détaillant cette étude pionnière fut publié par l'OEO en 1970. Il contenait des résultats qui sembleraient aujourd'hui incroyables, mais qui devaient être *confirmés par toutes les études qui suivirent*, y compris la plus vaste et la plus longue des cinq, l'enquête réalisée à Seattle et à Denver entre 1971 et 1982, qui prit en compte 4 800 familles [2].

Le résultat le plus important était le suivant : l'« effort de travail » du groupe testé resta à peu près le même : « Rien ne montre que l'effort de travail ait décliné parmi les récipiendaires des revenus supplémentaires. Au contraire [!], il semble que l'effort de travail des participants recevant ces revenus ait augmenté par rapport à l'effort de travail de ceux qui ne les recevaient pas. »

Dans l'« Expérience du New Jersey », par exemple, les maris réduisirent leur semaine de travail d'un peu moins d'une heure (et les réductions, proportionnellement, furent les mêmes à Gary, Seattle et Denver). Les femmes réduisirent leur semaine de travail de cinq heures, mais elles consacrèrent ce temps « libre » à leurs nombreux enfants – les familles du New Jersey prises en compte par l'étude comptaient 5,8 membres en moyenne –, notamment, semble-t-il, en les aidant à faire leurs devoirs après l'école. Les femmes firent donc le choix du temps au détriment du revenu du travail. Ce choix est l'inverse exact de ce qui se passe depuis les années 1980.

En même temps, depuis l'OEO, Rumsfeld et Cheney intervenaient pour le compte du Family Assistance Program de Nixon, en fournissant, avec l'argent public, des garderies ou des stages de formation professionnelle, *ainsi que* des allocations d'aide aux revenus pour les ménages à faible revenu. C'est ainsi que le rapport de 1970, « Résultats préliminaires de l'expérience d'incitation au travail d'une doctorante du New Jersey », affirmait que le FAP du gouvernement s'avérait éminemment pratique, donc ni utopique ni subversive : « Nous croyons que ces résultats préliminaires montrent que les craintes de voir le Family Assistance Program donner lieu à des réactions extrêmes, insolites ou inattendues, sont infondées. »

Mais ce n'est pas tout : le système se révélait moins coûteux que celui de l'État-providence : « Le Family Assistance Program, en excluant le Programme Garderie (Day Care Program) et le Fonds pour la formation professionnelle (Work Training Provisions), peut être administré avec un coût annuel situé entre 72 et 96 dollars par famille. Les coûts similaires exigés par le système actuel varient entre 200 et 300 dollars annuels par famille [3]. »

D'après Fred Cook, qui rendit compte de ce rapport préliminaire dans un long article du *New York Times Magazine* presque incrédule – ils ont fait *quoi* dans le New Jersey ?! –, le rapport eut une « influence profonde » sur le vote des représentants le 17 avril [4].

# 3

Il faut comprendre l'incrédulité de Fred Cook. Qu'est-ce que ces gens avaient donc en tête ?

Il s'agissait des hommes qui devaient bientôt devenir les archétypes du néo-conservatisme – ou du néo-libéralisme. Après la chute de Nixon, ils devaient définir ce qu'ils appelèrent le Projet pour un nouveau siècle américain (Project for a New American Century). Revenus au pouvoir avec George W. Bush, ils allaient détruire tout ce que le siècle précédent avait laissé de valable, en agissant comme si la puissance militaire était le seul type de puissance mesurable. Qu'est-ce qui justifiait, en 1970, leurs expériences d'avant-garde et leur remarquable législation ?

En fait, ce n'est pas aussi bizarre que ça en a l'air. Et l'explication ne réside pas dans le triomphe de l'idéologie du marché libre. Les progressistes (*liberals*) refusèrent le projet de Nixon, et ils le firent au nom des valeurs familiales, bien avant que les conservateurs s'emparent de la question. Daniel Patrick Moynihan décréta qu'un revenu annuel garanti ne valait pas mieux que les programmes mis en place par l'État-providence, car il conduisait, lui aussi, à la dissolution des familles, et, par conséquent, à la reproduction d'une « culture de la pauvreté ». Ses doutes amenèrent le Sénat à refuser le FAP.

Notez trois caractères frappants de ces expériences et de la loi. Premièrement, il s'agissait de *remplacer* les allocations et de préserver l'intégrité de la *famille* : dans l'esprit des législateurs, démocrates comme républicains, c'était la même chose. La grande idée, c'était d'abolir l'aide aux familles avec enfants dépendants (Aid to Families with Dependent Children), perçue comme un programme décourageant le mariage, en rendant l'accès à un revenu adéquat plus facile aux ménages, et plus difficile aux parents célibataires.

Deuxièmement, ces expériences, comme la loi, fournissaient des *suppléments* de revenu à des pauvres qui travaillaient (*working poor*), et non pas des allocations ou une somme minimum pour tout le monde, ou pour les chômeurs. L'idée – le résultat – de ces expériences était de montrer que l'octroi d'un revenu supplémentaire ne faisait pas décliner le temps au travail. Il ne s'agissait de décourager ni la recherche de travail ni la stabilité de l'emploi.

Même la contre-proposition du démocrate George McGovern *, le fameux manifeste du 4 mai 1972 (publié dans le *New York Review of Books*), qui voulait donner à tous les Américains un revenu minimum garanti, insistait sur le fait qu'il ne fallait pas « décourager les chômeurs vivant d'allocations de chercher un emploi ». *Ainsi, le plein emploi était déjà un paramètre par défaut du parti démocrate* ainsi que, plus largement, de toute la gauche issue du New Deal. Quand il proposait d'augmenter le taux d'imposition des entreprises, par exemple, McGovern insistait sur le fait que son programme comprenait également un stimulus fiscal de 10 milliards de dollars, qui favoriserait à la fois la consommation des particuliers *et* les profits des entreprises : « Rien ne stimule plus les profits qu'une économie où le plein emploi est solidement ancré : c'est la première priorité de mon programme économique [5]. »

Troisièmement, et ce point est essentiel à mon propos, tout le monde partait du principe que les salaires seraient bientôt insuffisants pour financer les dépenses d'un ménage. Les emplois manufacturiers étaient déjà en voie de disparition : l'Amérique

* George McGovern fut le candidat démocrate face à Nixon lors de l'élection présidentielle de 1972.

vivait les dernières étapes de l'« automatisation » – c'est-à-dire les premières étapes de l'« informatisation ». La fin du travail était visible, mesurable même, dès les années 1960, et les gens qui se préparaient à affronter cette situation, comme Heather Ross et ses patrons de l'Office of Economic Opportunity, voulaient savoir ce qui arriverait à l'idéal moral inhérent au rêve américain lorsque le travail ne serait plus la principale source du revenu familial.

Mais ils ne se contentèrent pas de spéculer ni de pontifier. Ils voulurent répondre à cette question sociale par une expérimentation précise. *Ils voulaient savoir si la famille et la formation du caractère étaient possibles quand le travail ne le serait plus.*

En ce sens, les expériences sociales menées par Heather Ross et sponsorisées par Donald Rumsfeld et Dick Cheney à l'OEO, avec l'approbation de la Chambre des représentants, offraient des réponses à des questions que les journalistes et les intellectuels posaient depuis les années 1920, quand nous avons commencé à perdre la course contre la machine.

L'éthique du travail disparaîtrait-elle avec le travail lui-même ? Comment pourrait-on réclamer sa juste part des biens disponibles sur le marché, en l'absence d'un travail donnant droit à une rémunération raisonnable – ou bien si l'on était au chômage, sans être en rien responsable de cette situation ? La discipline morale est-elle le résultat de la nécessité économique, autrement dit de ce que nous appelons « travail » ?

Dans les années 1930, évidemment, ces questions acquirent un caractère d'urgence concrète, insoutenable. Mais *avant* comme *après* la crise de 1929, elles étaient le fonds de commerce des journalistes, des universitaires et des intellectuels, parce qu'à peu près tout le monde avait déjà conscience de l'imminence de la fin du travail. Dans les années 1920, la perte nette d'emplois dans l'industrie s'élevait à 2 millions – et les usines chinoises ou mexicaines n'y étaient pour rien.

J'ai écrit ailleurs sur ce processus, mais il n'est peut-être pas inutile d'y revenir, en guise de préparation pour les surprenantes révélations qui vont suivre. Dans le secteur non agricole, la productivité du travail et la production augmentèrent respectivement de 40 % et de 60 % dans les années 1920, mais l'emploi dans la production de biens non agricoles a décliné. Pourquoi ? Parce que le temps de travail socialement nécessaire déclinait également – parce que, pour la première fois dans l'histoire, moins de travail était requis pour produire plus à moindre prix. Pourquoi ? Parce que l'innovation technologique, « la machine », était déjà en train d'exfiltrer « la main-d'œuvre vivante », les travailleurs, de la production de marchandises.

Les gens qui conçurent, conduisirent et comprirent les grandes expérimentations sociales de la fin des années 1960 et des années 1970 avaient saisi ce processus, ce défi – ces gens, parmi lesquels Rumsfeld et Cheney, savaient que le chômage était un problème à long terme, structurel, qui remontait aux années 1920. Dès cette époque, les économistes avaient observé que les gains en productivité du travail cesseraient de faire augmenter la demande de main-d'œuvre, et que le plein emploi dépendrait désormais des dépenses publiques, en particulier de la guerre.

Alors ils se demandèrent comment redistribuer le revenu, et comment promouvoir la consommation et la croissance économique, peut-être aussi le mariage et la famille, *en réduisant les heures de travail et en subventionnant les revenus.* Ils se demandaient également quel effet la diminution du travail et l'augmentation des revenus auraient sur le caractère de ceux qui recevraient de l'argent gratuitement.

# 4

En agissant ainsi, ces gens n'étaient pas en avance sur leur temps – bien qu'ils fussent certainement en avance sur le nôtre. Ils lisaient (ou écoutaient, ou consultaient) les journalistes, universitaires, intellectuels, du moment. Nombre d'entre eux faisaient le constat de ce qu'ils appelaient une civilisation post industrielle, une culture de la consommation, une économie de l'abondance, ou une société de bien-être (*affluent society*) – tous ces termes étaient presque interchangeables dans les années 1960 – en même temps qu'ils mettaient en garde : dans cette nouvelle phase du développement humain, le travail disparaissait de la vie de tous les jours.

Ces gens étaient les figures de proue de leurs domaines respectifs, et leurs affiliations politiques étaient pour le moins disparates. C'étaient les économistes Milton Friedman, George Stigler, Wassily Leontief, John Kenneth Galbraith, Eli Ginzberg, Harold Vatter, et Lawrence R. Klein (parmi lesquels quatre prix Nobel) ; les sociologues Daniel Bell, C. Wright Mills, et

Michael Harrington ; les historiens Richard Hofstadter, David Potter, et William Appleman Williams ; les philosophes Herbert Marcuse, Norman O. Brown et Hannah Arendt.

En 1956, par exemple, Daniel Bell, auquel on doit la notion de société postindustrielle, écrivait que « ce n'est pas seulement le travailleur mais le *travail lui-même* qui est délogé par la machine », et s'inquiétait des conséquences sociales et morales de ce processus. Et cela se passait en un temps où les emplois dans l'industrie – l'automobile et l'acier, par exemple – étaient encore nombreux, tout en constituant une petite part – et une part en diminution constante – de l'emploi. Le secteur « tertiaire » (commerce, finance / assurance, services, gouvernement) représentait déjà 60 % de l'emploi, environ trois fois la part des emplois de la production de biens. Et puis, dans les huit années qui suivirent, la production industrielle doubla, tandis que le nombre d'emplois dans la production de marchandises (les cols bleus) déclinait. L'automatisation était particulièrement efficace dans les secteurs de l'automobile et de l'acier : Detroit et Pittsburgh s'apprêtaient à devenir des villes-fantômes [6].

En 1964, la disparition du travail à cause de l'automatisation et de l'informatisation était devenue un problème public appelant l'attention à la fois d'une commission présidentielle et d'un manifeste (intitulé « L'Amérique et le Nouveau Monde ») rédigé par les Étudiants pour une société démocratique (Students for a Democratic Society) – en fait, les deux phénomènes étaient liés car la mise en place de la commission avait été décidée suite à l'envoi d'une lettre ouverte au président émanant du « Comité ad hoc sur la triple révolution [informatique, armement, droits de l'Homme] » (Ad Hoc Committee on the Triple Revolution), datée du 22 mars 1964, et signée, entre autres dignitaires, par Todd Gitlin, Tom Hayden, et Michael Harrington.

Les passages clés de cette lettre ouverte sont les suivants : « Le problème fondamental posé par la révolution informatique aux États-Unis réside dans le fait qu'elle invalide le mécanisme général par lequel, jusqu'à présent, on fondait le droit des individus à consommer. Jusqu'ici, les ressources économiques ont été distribuées sur la base des contributions à la production [c'est-à-dire le travail] [...]. Reconnaître que ce lien traditionnel entre l'emploi et le revenu est en train de se rompre est la première étape sur la voie d'un nouveau consensus [7]. »

Le *résultat* de cette lettre – imaginez ça – fut la Commission nationale sur la technologie, l'automatisation et le progrès économique mise en place par le président Johnson (Daniel Bell était l'un de ses membres distingués), qui remit son rapport, « La technologie et l'économie américaine », en février 1966, au moment même où Heather Ross rédigeait son projet de thèse. Ce rapport faisait du chômage la question majeure du moment : il y voyait un problème à la fois imminent et inévitable, dès lors qu'une économie liée à la guerre s'orientait vers un avenir moins martial.

Ici, déjà, le but était la fin de l'État-providence. Dans ce but, la commission citait des propositions de Milton Friedman et de James Tobin – autrement dit, des propositions réclamant l'instauration d'un revenu annuel garanti, venues de la droite comme de la gauche.

La commission appelait cela « maintien du revenu » (*income maintenance*), comme le feraient également, un peu plus tard, les expérimentations sociales sponsorisées par l'OEO : « La Commission recommande également que le Congrès aille au-delà d'une réforme de la présente structure [de la fiscalité] et examine pleinement de nouvelles approches visant à résoudre le problème du maintien du revenu. En particulier, nous pensons que le Congrès devrait étudier sérieusement la mise en place d'un programme d'"allocation d'un revenu minimum" ou de "taux d'imposition négatif". Un tel programme, s'il s'avère faisable, devrait être conçu pour éliminer, étape par étape, le besoin d'assistance publique, en créant un socle de revenus minimaux adéquats [8]. »

Ainsi, au moment où la Chambre des représentants votait le FAP de Nixon, en avril 1970, un consensus bipartisan, pratiquement universel, tenait pour acquises les propositions suivantes :

1. La fin du travail était imminente car l'entreprise privée n'était plus en mesure de créer un nombre d'emplois suffisant pour ne serait-ce qu'approcher le plein emploi, et ne pouvait donc plus, par conséquent, soutenir la consommation globale nécessaire à la croissance de la production de biens et de services.
2. L'innovation technologique avait réduit à néant toute forme de relation transparente ou intelligible entre le travail et le revenu, entre la production et la consommation de biens.
3. D'une façon ou d'une autre, la dépense publique allait devoir compenser le déficit de la demande globale, en *recréant* une relation transparente ou intelligible entre la production et la consommation, par les moyens suivants : (a) les programmes d'État-providence existants, et/ou (b) l'emploi direct par l'État,

et/ou (c) des allocations visant au maintien du revenu, pour les ménages ou les individus.
4. Le maintien du revenu (c), ou un revenu annuel garanti, était la meilleure alternative aux programmes d'État-providence existants.
5. Un programme de maintien du revenu devrait comprendre de solides incitations au travail, et de solides financements de la garde d'enfants, si l'on voulait le rendre acceptable aux yeux de l'opinion publique et des élus.

## 5

Dans les années 1970, l'avenir du travail s'annonçait bien sombre, que ce soit comme devoir moral ou comme indicateur économique. C'est encore bien pire aujourd'hui.

L'avenir que ces intellectuels, politiciens et experts avaient entraperçu était un monde sans travail, avec les renonciations psychologiques que cela impliquait. Mais au lieu d'ignorer ces conséquences perturbantes *et* émancipatrices, comme la gauche et la droite de notre temps semblent déterminées à le faire, ils *cartographièrent* ce monde. Dans l'« automatisation » et l'« informatisation » de la production de biens, ils voyaient à la fois une menace et la promesse d'un ordre social nouveau, affranchi des exigences quotidiennes du travail.

Contrairement aux politiciens, universitaires, journalistes et intellectuels d'aujourd'hui, qu'ils soient centristes, de droite ou de gauche, ils ne détournèrent pas le regard de la menace ni de la promesse. Pour eux, le « plein emploi » était un horizon qui disparaissait, un rêve sans espoir, et non pas un but allant de soi, et ils agissaient en conséquence.

Le monde que ces gens entrapercevaient est devenu réalité.

Mais à leur époque, le plein emploi n'était pas la réponse unanime aux questions morales et économiques soulevées par ce problème. Bien au contraire : journalistes, universitaires, intellectuels et législateurs s'accordaient sur le fait que ni l'entreprise privée ni l'État ne pourraient créer suffisamment d'emplois rémunérateurs. Ils cherchèrent donc des *alternatives* au travail – ils tentèrent de découpler le revenu du travail.

Nous devrions marcher sur leurs pas. Bien sûr, nous pouvons (A) tenter de créer plus d'emplois, par quelque moyen que ce soit, public ou privé, en visant le « plein emploi » – en espérant que de la sorte, on créera une relation plus intelligible, plus justifiable, entre le travail accompli et le revenu perçu. Ou bien nous pouvons (B) reconnaître un certain nombre de faits évidents, comme les gens qui ont conduit ces expérimentations sociales ou qui ont voté le FAP de Nixon en 1970.

Le plan A est irréaliste pour deux raisons. Premièrement, l'investissement privé ne peut servir la création d'emplois à l'échelle nécessaire, quelle que soit l'importance que les économistes d'aujourd'hui lui attribuent. Il n'y a pas assez d'avantages fiscaux pour obliger les banques et leurs entreprises clientes à se bouger les fesses, et les innovations technologiques récentes, qui permettent d'économiser main-d'œuvre et capital, limiteront les effets de l'investissement privé sur l'emploi. Deuxièmement, l'investissement public à l'échelle nécessaire ne pourra jamais être entériné par un Congrès figé dans ses certitudes, ni par quelque Congrès que ce soit.

Comme je le montrerai dans le prochain chapitre, le plan A a également quelque chose de punitif, dans la mesure où il oblige tout le monde à se lever le matin pour aller au travail, alors que nous pouvons désormais produire plus que ce dont nous avons besoin, avec de moins en moins de temps de travail.

Le plan B, qui devrait, s'il devenait un programme de politique publique, s'intituler « *Fuck work* », est à la fois plus réaliste et moins punitif. Il ne requiert pas plus d'investissement, public ou privé. Il implique, à la place, un réajustement mineur de la répartition et des priorités budgétaires, destiné à donner une base solide et permanente au financement des allocations et des paiements de transfert (il faudrait pour commencer abolir la limite supérieure des cotisations à la sécurité sociale, qui plafonne aujourd'hui à 113 700 dollars ; il faudrait ensuite, encore mieux, imposer les profits des entreprises à un taux raisonnable).

La proposition du plan B, c'est que tout le monde travaille moins, pas plus, en accompagnant l'augmentation constante de la productivité du travail et la tendance corrélative du coût marginal du travail à s'approcher de zéro. Partant du principe qu'il est impossible de calculer un rapport justifiable entre les heures travaillées et les dollars gagnés, il garantit donc à tout citoyen un revenu annuel minimal.

Le plan A part du principe que le travail doit continuer à forger la personnalité et à déterminer le revenu de chaque individu, si limité que soit le nombre de « vrais boulots » qui ont survécu à l'innovation technologique. Le plan B reconnaît que le travail ne peut pas servir ces desseins, parce qu'il n'y en a tout simplement pas assez, et qu'il nous faut, en conséquence, tourner le regard dans une autre direction, si nous voulons trouver de nouvelles sources aux éléments essentiels de l'identité personnelle et du statut social.

Il n'y a pas assez de travail pour employer la plupart des adultes à un salaire suffisant, parce que nous sommes devenus si productifs que la relation entre travail et revenu est de toute façon arbitraire. Dès lors, nous devons trouver d'autres façons de justifier, d'autres moyens de rendre possible, la consommation – façons et moyens qui ne sont pas déterminés par l'argent que nous gagnons au travail.

En d'autres termes, *fuck work*.

# Chapitre II

# Le travail et l'essence de l'Homme

# 1

Peut-être n'êtes-vous pas surpris que l'option du revenu annuel garanti ait été sur la table à la fin de ces mythiques années 1960, où tout semblait possible. OK, mais maintenant posez-vous cette question : pourquoi cette option a-t-elle disparu si vite dans les années 1970, au point que les résultats de l'expérimentation au Canada – qui concordaient avec les précédents américains – furent carrément étouffés par le gouvernement de la province du Manitoba ?

Ou posez la même question autrement : comment se fait-il que cette idée jadis consensuelle soit devenue la propriété exclusive de la gauche radicale – les « autonomistes » italiens, par exemple, sur lesquels je reviendrai, ou les futurologues de la Silicon Valley –, au point qu'aujourd'hui elle apparaît comme un programme *utopique*, sans prise intellectuelle sur le monde réel ?

On ne peut pas expliquer cette exclusion par un retour de bâton *conservateur*, la révolution reaganienne, et tout ça. Le soi-disant virage à droite de l'Amérique est très exagéré. Depuis 1980, la gauche (là encore, au sens large) a gagné presque toutes les batailles qu'elle a choisi de livrer, depuis les droits civiques, le droit de vote, les droits des femmes, jusqu'aux droits des homosexuels (*queer equity*), malgré ce que Reagan et le parti républicain ont accompli par la législation, la jurisprudence ou la « résistance massive » * – c'est-à-dire par les mêmes moyens que le pouvoir esclavagiste a employés, avant la guerre de Sécession, pour maintenir sa civilisation archaïque, les mêmes moyens que les anciens États confédérés ont employés depuis pour endiguer le progrès social. La gauche est maintenant en train de gagner la bataille qu'elle a tardivement engagée, autour des inégalités économiques, en obligeant les 1 % à justifier leurs privilèges en invoquant des raisons ridicules.

Non, le Family Assistance Program de Nixon a été bloqué au Sénat parce que les *liberals* se méfiaient de ce qu'ils percevaient comme des

* On appelle « *massive resistance* » la politique d'obstruction des couches les plus conservatrices des États du Sud à la politique fédérale de déségrégation.

obligations à travailler. C'est ainsi, par exemple, que les travailleurs sociaux, le plus à gauche des groupes d'intérêt, devinrent les critiques les plus acharnés de la législation. Ces obligations de travailler étaient en réalité minimes. Mais elles constituaient une part indispensable du package idéologique que Nixon voulait vendre au Congrès. Car un nombre substantiel d'électeurs – et pas seulement la chambre de commerce – craignaient que les travailleurs pauvres quittent leurs emplois et passent leurs journées à ne rien faire, si on leur en offrait la possibilité. Un sondage Gallup de 1968 montrait que 58 % des Américains refusaient qu'on accorde aux ménages de quatre personnes un revenu annuel garanti de 3 200 dollars. Le sentiment qui présidait à cette opinion majoritaire était qu'on ne devait pas recevoir de l'argent gratuitement.

George Shultz, le secrétaire au Trésor, aborda ces questions lors de son passage devant le Ways and Means Committee * de la Chambre des représentants, en 1969. Il commença par dire que « le travail est un élément fondamental de ce programme ». Mais il se hâta ensuite de rejeter les objections de la gauche en expliquant que seul

* À peu près l'équivalent de la commission des Finances de l'Assemblée nationale.

un tiers des récipiendaires devraient s'inscrire à l'agence publique pour l'emploi, et que moins de 1 % se verraient refuser l'accès au Family Assistance Program. Il ne cessa d'ailleurs, pendant sa prestation, d'insister sur le fait que « les pauvres veulent travailler », de toute façon. (Les données de l'expérimentation en cours au New Jersey allaient d'ailleurs valider cette affirmation.)

Dans une lettre qu'il adressa ensuite à Wilbur Mills, le tout-puissant président du Ways and Means Committee – une lettre à la fois étonnante et poignante, à la lumière de l'étroitesse de vue actuelle sur ce problème –, Shultz insistait sur le fait que, pour sortir les gens du système de l'État-providence et les faire rentrer sur le marché du travail, le gouvernement fédéral devait absolument subventionner « un système de gardes d'enfants de qualité », comme le FAP de Nixon le prévoyait. Autrement, disait-il, les incitations à se lever le matin pour aller travailler seraient annulées par le coût des garderies privées.

Il avait bien sûr raison, alors comme aujourd'hui. Mais, comme Rumsfeld et Cheney, c'était un sbire de Nixon. Là encore, *qu'est-ce qu'ils avaient en tête ?*

Les avocats du FAP – Shultz, Rumsfeld et Cheney, entre autres – savaient qu'ils avaient contre eux l'opinion publique, qui mettait dans le même sac « la dépendance à l'égard de l'État-providence » et un revenu annuel garanti. Mais ils savaient aussi que le système de l'État-providence était fini, *et que*, après la guerre du Vietnam, quand les dépenses militaires massives cesseraient de soutenir l'économie, le chômage serait au rendez-vous. C'est pourquoi ils avaient envie d'expérimenter une alternative à l'État-providence, qui découplerait le revenu du travail.

Voilà la grande différence entre autrefois et maintenant. Les politiciens continuent à pleurnicher sur l'État-providence – tout le monde le fait – mais plus personne n'est prêt à discuter des mérites d'un revenu garanti, sauf dans les termes hermétiques conçus par Milton Friedman, c'est-à-dire en parlant de « taux d'imposition négatif », ou dans les termes tout aussi hermétiques que les autonomistes et les futurologues déploient pour colporter leurs utopies postlaborales. Et ce pleurnichage a lieu au moment où la crise de l'emploi prévue par Nixon et ses sbires ne cesse de s'aggraver.

Au lieu d'un revenu garanti, la gauche comme la droite se rallient autour d'un seul cri de guerre : « plein emploi ». Des deux côtés, les gens déploient les mêmes slogans – éviter les implications économiques et éthiques des allocations, libérer les gens de l'État-providence, les remettre sur le marché du travail – parce que, contrairement aux sbires de Nixon, ils croient que l'investissement privé et/ou la dépense publique peuvent créer suffisamment d'emplois pour remettre tout le monde au travail.

Plus important : ils croient qu'*il va de soi que le travail est bon pour nous.*

Pourquoi ? Pourquoi sommes-nous enlisés dans cet univers punitif d'où la réalité s'est enfuie – où *il faut* qu'il y ait un emploi pour tout « individu valide » (*able-bodied individual*), même si nous ne savons pas comment en créer suffisamment, où avoir un travail est une bonne chose, quel que soit son caractère absurde, dangereux ou dégradant ?

La réponse réside dans la grande *romance* du travail, et j'emploie le mot comme métaphore, non comme hyperbole – après tout, nous *aimons* travailler, et nous le prouvons en nous présentant tous les jours au travail, aussi merdique soit-il, afin de faire la démonstration de notre volonté profonde de tracer notre propre chemin dans ce monde cruel. Ce n'est pas seulement la nécessité extérieure, économique, qui nous y conduit. Quelque chose d'autre est en jeu.

Quoi donc ? Ce n'est pas très compliqué. Nous travaillons parce que, ce faisant, nous pouvons constater les changements que nous apportons dans le monde, sur le monde, et cette vision, bien que provenant d'un sentiment infantile (et non moins indispensable), est ce que nous appelons liberté – notre capacité à agir, à redessiner les conditions que nous avons héritées sans les avoir choisies, à nous refaire nous-mêmes et le monde par la même occasion.

Mais si c'est vrai, si le travail signifie la liberté, pas seulement la servitude, je ne peux pas dire : « Eh bien, le travail socialement nécessaire recule – les emplois donnant accès à un revenu permettant de gagner sa vie sont en train de disparaître –, alors oublions le travail et ses plaisirs, ses récompenses, ses bienfaits. » Je dois expliquer ce *quelque chose d'autre*, ce surplus de sens que nous trouvons dans nos métiers et nos vocations. Comment, dès lors, diagnostiquer les impératifs psychologiques qui nous maintiennent au travail ?

Et enfin, comment imaginer un ensemble d'impératifs alternatifs qui nous permettraient de nous relaxer et d'être moins productifs ? Ce qui revient au fond à la grande question : peut-on imaginer une nature humaine différente ?

# 2

Sigmund Freud avait raison, l'amour et le travail sont les deux ingrédients essentiels de la santé de l'individu. Il avait aussi raison de reconnaître ces deux besoins jumeaux comme des pulsions, presque des instincts, transhistoriques – tout être humain a ressenti ces besoins, d'une façon ou d'une autre. La « compulsion à travailler », comme il la nommait, ne disparaît jamais, et l'amour nous mène, dans quelque civilisation que ce soit.

Mais l'amour romantique, tel que nous le comprenons aujourd'hui, aurait été incompréhensible à la plupart des êtres humains vivant avant le XIX$^{e}$ siècle. Jusqu'alors, l'affirmation des appétits sensuels d'un individu était soit impossible – la plupart des gens étaient contraints, par obligation familiale ou par position de classe, à se marier avantageusement et localement –, soit sans aucun rapport avec l'affection et la réciprocité. Pour satisfaire ces appétits, il suffisait de payer des prostitué(e)s, si l'on n'était pas aristocrate, ou de trouver des amant(e)s en dehors du mariage si on l'était. L'essentiel était de s'assurer que le patrimoine soit transmis à ses héritiers. Le mariage était donc un moment dans le maintien ou l'acquisition du statut social – une transaction aussi érotique qu'une facture. L'amour, tel que nous l'expérimentons, n'avait rien à voir avec ces engagements contractuels.

C'est la raison pour laquelle, par exemple, *Roméo et Juliette* est impossible à comprendre si le lecteur ne voit pas que Shakespeare s'inquiétait des résultats mortifères de la conduite des *star-crossed lovers*, obnubilés par la poursuite de leurs « violents plaisirs » – leur satisfaction sexuelle. Il était convaincu que l'amour moderne, cette affirmation des appétits sensuels, mettait en danger la vie, la santé et l'ordre social : les quatre personnages principaux meurent, et leur ville devient le théâtre d'une guerre civile, simplement parce que Roméo et Juliette rejettent tous les liens traditionnels de la parenté au profit de leur passion : « Pourquoi es-tu Roméo ? Quitte ton nom, prends-moi tout entière », s'écrie-t-elle, et Roméo répond à sa demande, comme si ce nom, sa famille, toute la tradition qui l'obligeait à obéir à son père, ne signifiaient rien – jusqu'à ce qu'il soit exilé et comprenne qu'il n'est rien sans eux. Nous autres modernes pouvons nous identifier à ces amants, cependant, car Shakespeare sympathisait suffisamment avec leur idéal d'individualisme débridé pour en faire des personnages astucieux, drôles, des ennemis efficaces de l'*ancien régime* *, où c'étaient les pères qui déterminaient l'attribution des énergies sexuelles de chacun.

Au XIX^e siècle, des romancières comme Jane Austen, Emily Brontë et George Eliot allaient continuer à noter et à déplorer cette opposition de l'amour et du mariage –, mais elles diraient aussi qu'on pourrait atténuer cette opposition en laissant les femmes choisir leurs conjoints. L'amour, tel que le vivent et l'expriment leurs personnages, n'en reste pas moins très formel, discipliné et ritualisé, quand on le compare à nos critères contemporains. En un mot, l'amour moderne n'a rien à voir avec ses prédécesseurs.

Il en va de même du travail. Karl Marx avait raison de dire, dans le premier volume du *Capital* (1867), que le processus du travail, cet échange métabolique avec la nature que nous appelons travail, était transhistorique : « C'est la condition générale des échanges matériels entre l'homme et la nature, une nécessité physique de la vie humaine, indépendante par cela même de toutes

* En français dans le texte.

ses formes sociales, ou plutôt également commune à toutes [1]. »

Marx avait également raison de dire que l'*impression* de continuité que donnait l'existence humaine, c'est-à-dire l'idée même de nature humaine et d'histoire humaine, venait du travail, de cette nécessité d'un travail orienté vers un but social, par opposition avec la recherche instinctive de nourriture qu'on rencontre chez les animaux : « En vertu du simple fait que toute génération nouvelle se trouve en possession des forces productives acquises par la génération précédente, qui lui servent de matière première pour la production nouvelle, l'histoire humaine est dotée d'une certaine cohérence, une histoire de l'humanité prend forme [2]. »

Mais, comme pour l'amour, les significations et les possibilités du travail ont profondément changé depuis que les êtres humains ont commencé à faire le bilan de leurs accomplissements. Ainsi, quand Marx et Freud font du travail une propriété de l'être humain qui va de soi, et même la caractéristique essentielle de la nature humaine, nous devons nous arrêter un moment pour nous demander si cela a toujours été le cas. Et si ça l'est toujours.

Je ne ferais pas cet avertissement – ni ne poserais cette question – si cette idée, autrefois nouvelle, n'était devenue consensuelle, à droite comme à gauche, dès qu'on réfléchit à l'avenir. Elle est donc devenue un problème intellectuel, une réelle contrainte qui pèse sur quiconque réfléchit à la place du travail dans le monde tel qu'il est, pas tel qu'on voudrait qu'il soit.

Nous pourrions formuler la question ainsi : l'amour, tel que nous le connaissons, peut-il survivre à la fin du travail ?

## 3

En guise de première réponse approximative, regardons de plus près ce qu'a représenté le travail au fil de l'histoire – peut-être cela pourra-t-il nous aider à surmonter la foi fondamentaliste dans la valeur du travail, telle que Marx et Freud l'ont établie.

J'utilise le mot « foi » à dessein. Ce fondamentalisme a commencé en effet sous la forme d'un principe religieux qui soutenait l'élan intellectuel de la Réforme. Chez Marx, la centralité du travail était une croyance dérivée de l'œuvre de Hegel : « Il saisit le travail comme l'essence de l'Homme », écrit le jeune Marx. Mais Hegel lui-même citait Martin Luther comme la source première de son équation entre travail et conscience de soi, le plus haut accomplissement de l'esprit humain.

Hegel voyait dans la Réforme, et particulièrement dans la notion luthérienne de « vocation » – une véritable vocation, un but terrestre qui servait celui de Dieu –, le grand tournant dans la réflexion sur le sens du travail. L'ère moderne avait commencé, expliquait Hegel, au moment où « le refus du travail avait cessé d'être un signe de sainteté ». « Conservez vos professions, disait Luther à ses ouailles, le Diable vous crucifiera suffisamment » : quand vous serez au travail, il vous enseignera que la condition de la grâce est de s'engager dans le monde, non de s'en abstraire.

Avant ce moment, le travail socialement nécessaire était compris par tout le monde – pas seulement par les prêtres et les philosophes – comme le sort des esclaves et des serfs, bref, des dominés. La liberté et ses corrélats, y compris la possibilité d'atteindre la vérité par le raisonnement, exigeaient que l'on soit exempt de la nécessité économique, c'est-à-dire du travail. Comment auriez-vous pu penser par vous-même, encore moins vertueusement ou « objectivement », en vue du bien commun, si vous dépendiez d'un autre pour survivre ? Un esclave ou un serf ne pouvait suivre ses propres inclinations, il exécutait les ordres du maître ; il avait renoncé à sa volonté, subordonné ses désirs aux siens, parce qu'il y était obligé s'il voulait échapper à la mort ou à la misère.

Il y avait cependant, dans le monde antique et médiéval, une exception à cette règle. Je veux parler du travail qualifié (*skilled labor*), on pourrait même parler de l'omnicompétence, des artisans indépendants. Le travail que ces hommes accomplissaient prenait le nom, en grec, de *poïèsis*, c'est-à-dire « fabrication », « composition », mais aussi « création poétique ». C'était un travail créatif, libre. Son accomplissement instaurait par conséquent une indépendance intellectuelle et économique, donc la possibilité de la citoyenneté. Si vous étiez indépendant dans ce double sens, vous échappiez à la contrainte ou à la duperie des riches vivant sur le dos des esclaves et des serfs. Vous étiez votre propre patron, comme on dirait aujourd'hui : vous n'aviez de compte à rendre à personne.

Bien des siècles plus tard, c'est ce langage précis qu'allaient adopter Ralph Waldo Emerson et Abraham Lincoln. Dans « L'homme réformateur », une conférence donnée pour la première fois dans une bibliothèque fondée par des apprentis mécaniciens en 1841, Emerson exposa ce qu'il appelait la « doctrine de la ferme ». Il parle sans le savoir comme un ancêtre d'Hannah Arendt, Richard Sennett ou Matthew B. Crawford, quand il dit que « tout homme devrait être en relation directe avec le travail du monde, devrait le faire lui-même ». Il ne faisait pas semblant. Il avait foi dans ce type de travail, artisanal ou manuel, comme nous dirions aujourd'hui, *poïèsis* comme disaient les Anciens. « Le travail est l'éducation que nous donne Dieu, écrivait Emerson, seul celui qui apprend les secrets du travail, et qui, par une véritable intelligence, est capable de prendre son sceptre à la nature, est capable d'apprendre, et d'être un maître [3]. »

Et maintenant, écoutez Lincoln s'adresser à la Wisconsin Agricultural Society en 1859. Son but dans ce discours était de prouver qu'il n'y avait pas au Nord de « classe permanente de *mudsills* » *, pas de prolétariat à jamais voué à la pénurie par la domination du capital, comme le prétendaient les propriétaires d'esclaves du Sud. Il insistait sur le fait que la mobilité sociale était la règle, non l'exception, parce que les salariés ne cessaient de sortir des rangs du prolétariat pour devenir propriétaires. « Nombreux sont ceux parmi vous, hommes

* *Mudsills* désigne, au sens propre, la base d'une construction (bâtiment, pont, etc.) directement en contact avec la terre (*mud* = boue). En 1858, recourant à la métaphore des *mudsills*, le sénateur sudiste James Henry Hammond avait défendu l'esclavage en disant que, dans toute société, il existait une classe vouée à l'accomplissement des tâches les plus basses, permettant ainsi l'édification progressive de la civilisation.

indépendants, dans cette assemblée, dit-il, qui encore l'année dernière étaient salariés. » Personne ne lui a demandé de clarifier cette affirmation, parce que tout le monde dans le public comprenait exactement ce qu'il voulait dire.

Comme les apprentis auxquels Emerson s'adressait, les hommes qui écoutaient Lincoln comprenaient, pour commencer, que la liberté, c'était la propriété de soi : vous étiez indépendant, et non soumis aux ordres des plus riches, à partir du moment où vous possédiez ce qui faisait de vous un homme, à savoir votre capacité à produire de la valeur par le travail. Comme salarié, vous abandonniez votre libre arbitre pendant tout le temps où votre employeur « louait » vos compétences. Certes, il ne vous avait pas exactement acheté, comme un propriétaire d'esclaves aurait pu le faire, mais ce temps passé à travailler pour un autre n'en demeurait pas moins une atteinte faite à votre autonomie – on enfreignait votre liberté, parce que ce temps n'était pas consacré à faire ce que vous vouliez. De sorte que vous auriez pu parler d'« esclavage payé », comme le faisait le Workingman's Party de New York, qui se fit un nom en dénonçant les capitalistes *.

* Le Workingman's Party, fondé en 1876, fut l'un des premiers partis marxistes américains. Il devait devenir le Socialist Labor Party of America, qui existe encore.

Mais cette condition de travailleur salarié était une condition temporaire, donc tolérable, d'après Lincoln – en cela un homme typique du XIXe siècle –, parce que vous pouviez épargner une partie de votre salaire et, en l'espace de quelques années, acheter une ferme ou démarrer une petite affaire, devenant ainsi le propriétaire de vous-même, devenant un homme indépendant parce que *votre temps, désormais, vous appartenait.* Votre capacité à produire de la valeur par le travail vous était enfin revenue, parce que vous n'aviez plus à la vendre sur le marché du travail. Vous étiez, enfin, votre propre patron.

Cette notion de mobilité sociale est encore aujourd'hui au cœur du rêve américain, quelque définition que vous lui donniez, même s'il y a bien longtemps que nous avons décrété – la plupart d'entre nous, en tout cas – que le travail salarié n'avait rien à voir avec l'esclavage. Nous sommes toujours attachés à l'idée qu'en travaillant dur nous obtiendrons des récompenses monétaires appropriées ou proportionnelles, et que ces récompenses nous feront gravir des échelons sur l'échelle sociale. Plus important encore : nous sommes toujours attachés à l'idée que travailler dur est, en tant que tel, une bonne chose, parce qu'elle produit la discipline de soi et le respect de soi.

En d'autres termes, nous croyons encore au principe de la *productivité* : de chacun en fonction de ses capacités, à chacun en fonction de sa production de valeur réelle par le travail.

## 4

Ici encore, nous avons affaire à des idées radicalement modernes, qui auraient bien fait rire, ou auraient désarçonné, les philosophes antiques et les théologiens du Moyen Âge. Ces derniers estimaient, à juste titre, que quiconque travaillait n'aurait pas le temps d'étudier les textes canoniques – que ce soit l'*Iliade* ou la *Genèse* – où se lisait tout ce qu'il y avait à penser sur cette vie et la suivante. Ils savaient que la vie bonne avait lieu *en l'absence* du travail, ou *après* la mort, quand le poids intolérable de la contrainte nécessaire, de la circonstance particulière, de la vie quotidienne, aurait disparu.

En ce sens, ils partageaient un idéal aristocratique : seuls pouvaient y avoir accès ceux qui avaient suffisamment de patrimoine ou de revenu pour passer leur vie dans le *loisir*, affranchis de la nécessité. Chez les chrétiens, ce pouvait être aussi l'idéal du monde de l'au-delà, qui ne pouvait séduire que les croyants fermement convaincus de l'existence réelle du Paradis, la vie terrestre n'étant qu'une période probatoire. Jusqu'à la Réforme, la plupart des gens pensaient que le Paradis *sur* terre était le pays de Cocagne, l'utopie paysanne satirisée par Bruegel l'Ancien en 1567 : un monde sans travail, où la nourriture tombe des arbres, où le lait coule à torrents.

Les protestants – celles et ceux qui, comme Bruegel, firent la Réforme – répudiaient ces *deux* idéaux. Ni la vie bonne ni le royaume de Dieu ne pouvaient exister en l'absence de travail, disaient-ils. C'étaient les dimensions de l'existence dans ce monde. C'était dans le travail que l'on pouvait devenir véritablement soi-même, et c'était dans le monde profane que l'on pouvait trouver la rédemption. Dans l'*Utopie* de Thomas More (1516), par exemple, personne n'est oisif : c'est le travail social discipliné qui fait de la terre un Paradis *.

Deux siècles plus tard, dans les colonies anglaises d'Amérique, en plein *revival* évangélique **, le jeune

* Thomas More, qui fut canonisé par l'Église catholique pour avoir payé de sa vie son opposition à Henri VIII, ne saurait être désigné comme protestant. Cela ne contredit pas la thèse de l'auteur, mais montre simplement que l'éthique du travail était également défendue à la Renaissance par des humanistes catholiques.

** On donne le nom de Great Awakening (« Grand Réveil ») au vaste mouvement de ferveur mystique protes-

Gilbert Tennent, un prêcheur itinérant sans éducation, expliquait ainsi le renversement protestant de la relation entre sacré et profane : « Confier le soin de nos âmes à des pasteurs qui se soucient peu, voire pas du tout, des leurs, à des pasteurs qui sont à la fois sans talent et sans foi, est contraire aux pratiques courantes des personnes sensées, en ce qui concerne leurs corps et leurs propriétés ; cela voudrait dire que nous méprisons nos âmes, que nous nous moquons de ce qu'il en adviendra. »

Cette attitude opéra un renversement dans le monde, comme l'avaient craint les hommes bien nés et bien éduqués. Car, désormais, l'Église elle-même – ses doctrines, ses prêtres, ses décisions – serait jugée par les fidèles *à partir* des critères de leur vie quotidienne, et non l'inverse. (N'oubliez pas que l'Église catholique était l'entité politique la plus puissante de l'Europe, et que le chef qui présidait à l'Église renégate, « protestante », d'Angleterre n'était autre que le roi lui-même.) La sanction religieuse de la conduite, bonne ou mauvaise, devint sans objet – les critères de l'au-delà n'ayant plus de pertinence dans la vie profane. Chacun était son propre prêtre, son propre sauveur, et personne, quels que soient son lignage ou sa richesse, ne pouvait s'abstenir de travailler.

tante qui surgit en Angleterre et dans les colonies anglaises d'Amérique vers 1750.

L'éthique protestante du travail était donc quelque chose de plus démocratique, de plus radical, de plus révolutionnaire qu'une feuille de route pour se construire une personnalité ascétique, ou une excuse commode pour expulser des paysans paresseux des *commons* * et du carnaval, et les conduire à l'usine. Car cette éthique critiquait et même mettait en pièces ceux qui vivaient du travail des autres, les décrivant comme des parasites du corps politique – personne ne devrait recevoir d'argent gratuitement – et insistant sur le fait que les récompenses du travail terrestre devaient être distribuées *ici et maintenant*, pas dans quelque au-delà. Ce faisant, cette éthique du travail a créé l'univers moral dans lequel nous vivons toujours – le monde où, parce que « tous les hommes sont créés égaux », le consentement est le seul principe viable des obligations civiques, et la justice, non la règle de la majorité, est la seule justification acceptable du pouvoir de l'État.

Cette éthique n'a pas été imposée aux travailleurs et aux paysans par la bourgeoisie conquérante. Les gens qui, autrefois comme

* On appelait *commons* les terres que toute la communauté pouvait mettre à profit. La suppression de ces *commons*, remplacés par des propriétés privées, fut une étape essentielle de l'histoire du capitalisme anglais.

aujourd'hui, avaient la foi la plus fervente en elle, étaient eux-mêmes des producteurs qui travaillaient dur, mais sans être soumis à la discipline de l'usine. C'étaient les artisans, les travailleurs qualifiés, les *chartists* de Londres, les *luddites* des Midlands – tous hommes qui haïssaient les machines et n'hésitèrent pas à les détruire –, les électeurs du Workingman's Party de New York, tous de gauche. Ils combattaient ce qu'ils percevaient comme dégradation du travail, pas le travail lui-même. Mais les travailleurs non qualifiés qui leur succédèrent, ceux qui constituaient la classe ouvrière permanente dont Lincoln ne pouvait pas reconnaître la réalité imminente, étaient tout autant qu'eux attachés à la valeur du travail comme moyen d'accéder au respect de soi, à la découverte de soi et à la mobilité sociale.

Nous y sommes encore attachés aujourd'hui. Et c'est notre grand problème. Il y a bien longtemps que nous ne croyons plus que nous goûterons dans l'au-delà aux fruits de notre travail. Ce qui est en revanche *à portée de main*, parce que la fin du travail apparaît à l'horizon, c'est cet idéal antique et aristocratique de la vie bonne, comme libération de la nécessité du travail.

Et pourtant, nous continuons à nous accrocher à l'éthique protestante du travail. Ce qui est encore plus étonnant, c'est de voir la gauche, plus que la droite, défendre le travail comme rédemption, en suivant la doctrine protestante, à travers (1) le « plein emploi » ; (2) les coopératives de travailleurs ; (3) les syndicats ; et, surtout, à travers (4) le renouveau de l'artisanat, c'est-à-dire de l'ancien idéal de la *poïèsis*.

Dans le prochain chapitre, je montrerai que chacun de ces lointains échos de la Réforme est une tentative tardive et chimérique de restaurer la dignité du travail. Ce qui les sauve, c'est qu'ils visent, par le travail, l'épanouissement et le progrès (*empowered*) des êtres humains. Mais ces échos luthériens n'en sont pas moins, comme le fondamentalisme du travail qu'on trouve chez Marx et Freud, des contraintes qui pèsent sur notre capacité à réfléchir à ce qui nous attend.

# Chapitre III

# L'amour et le travail à l'ombre de la Réforme

# 1

Parce que la gauche (au sens large) continue à vivre à l'ombre de la Réforme, elle est tout autant attachée à la rédemption du travail socialement nécessaire que Luther, Hegel, Marx et Freud. Nietzsche et Weber, ces autres Allemands morts * que nous continuons à lire, avaient davantage de doutes sur les effets salutaires de l'éthique du travail. Mais si nous lisons attentivement, nous décèlerons des ambiguïtés chez Hegel, qui s'inquiétait de la « moralité d'esclave » résidant dans le fait que le travail implique toujours un « désir différé » ; chez Marx, qui en vint à croire que la vraie liberté adviendrait après le travail ; et chez Freud qui, comme Hegel, comprit que ce qui restait de l'éthique protestante du

* L'auteur joue ici avec l'expression « *Dead White Male* » par laquelle les critiques américains « soixante-huitards » désignent les grands auteurs du cursus traditionnel de l'éducation humaniste.

travail était le symptôme d'une répression, peut-être même d'une régression.

Avant d'en venir à ces ambiguïtés, voyons comment la gauche contemporaine récapitule les impératifs intellectuels que nous a légués la Réforme.

Les défenseurs progressistes du plein emploi, par exemple, de Dean Baker et Jared Bernstein à Thomas Edsall et Mike Konczal, présentent leurs propositions comme des alternatives à la *dépendance* de la classe laborieuse à l'égard de l'État-providence – autrement dit, comme une façon d'équilibrer le budget, d'éviter la multiplication des allocations, et de calmer les inquiétudes de l'opinion (pas seulement chez les républicains) face à un « État nounou » (*nanny state*). Tel est le raisonnement : si les gens ont des emplois, ils ne dépendent plus de l'État-providence, ils cessent par conséquent d'absorber les dollars arrachés aux citoyens qui travaillent dur. Au lieu de ça, ils sont dans une meilleure position pour négocier eux-mêmes de meilleurs salaires et de meilleures conditions de travail. Voici comment Edsall, le chroniqueur du *New York Times*, résumait en décembre 2013 l'idéologie progressiste du plein emploi :

> Une économie de la survie a obligé des millions d'hommes, femmes et enfants, à dépendre d'un

> « capitalisme libéral fondé sur la pitié et la charité » [Edsall cite ici Konczal]. L'État est donc devenu la ressource de dernier recours, *reléguant* les gens que les progressistes voudraient transformer en une force puissante capable d'obtenir des réformes dans un *statut de soumission* – vivant de subsides du gouvernement, comme Medicaid, le *Earned Income Tax Credit* *, et maintenant l'Obamacare [1].

Pour Edsall et Konczal, la seule alternative à cette version du libéralisme gentiment teintée de fascisme est une politique publique « courageuse », résolument orientée vers le plein emploi, sans doute parce que plus d'emploi signifie moins de dépendance à l'égard de l'État pour des suppléments de revenus : paiements de transfert, allocations et subsides gouvernementaux.

Ni Edsall ni Konczal ne sont des réactionnaires. Pas plus que Baker et Bernstein. Ce sont sans conteste d'authentiques progressistes – tous de gauche. Et pourtant, les implications de leur raisonnement sont profondément conservatrices, parce qu'ils impliquent qu'un revenu perçu sans travailler, que ce soit par un paiement de transfert ou par un revenu garanti, est d'une valeur morale douteuse.

* C'est un crédit d'impôt sur les revenus d'activité, établi en 1975.

Remarquez, tout d'abord, la façon dont apparaît l'État-providence sous la plume d'Edsall. Exactement comme dans un discours du républicain pur jus qu'est Paul Ryan : c'est l'oppresseur des pauvres – une bureaucratie insatiable qui produit de la *dépendance*. Voyez ensuite comment ce qui pourrait être une « force puissante capable d'obtenir des réformes » est rendue docile, complaisante et inerte, parce qu'elle ne fait pas que recevoir, elle *dépend* des subsides du gouvernement. Si vous ignoriez le contexte, vous pourriez penser que ce texte a été écrit par un partisan enthousiaste du Tea Party après avoir lu *Atlas Shrugged* *, en particulier à cause de la référence à l'Obamacare comme subside du gouvernement qui dominera les pauvres, c'est certain, mais créera aussi une base électorale permanente pour les démocrates, le parti du « capitalisme libéral fondé sur la pitié et la charité ».

De ce point de vue, il n'y a pas de moyen terme entre le travail, d'un côté, et la dépendance, de l'autre – entre avoir un emploi et être dominé par l'État (ou le parti).

Mais concédons aux défenseurs du plein emploi leur principe de base, à savoir qu'une

* Best-seller d'Ayn Rand (1905-1982), auteure fétiche de la droite américaine ultralibérale.

« politique publique courageuse » décidée à créer des emplois n'est qu'un expédient *temporaire* qui pourra être démantelé dès le retour à un taux de croissance normal, après la récession. Qu'arrivera-t-il si le taux de croissance normal ne produit pas de nouveaux emplois ?

Ce n'est pas une question rhétorique. La récession est derrière nous depuis plus de six ans, comme le montre la hausse des bénéfices des sociétés et des cours boursiers, mais l'emploi n'est jamais revenu au niveau d'avant-crise – il n'y a pas eu de gain net d'emplois. D'où viendront les emplois désormais ? Si la dépense publique est la réponse *permanente*, les gens employés ne seront pas moins dépendants de l'État (ou du parti) que ceux qui sont aujourd'hui « relégués » à un « statut de soumission » par les tenants du « capitalisme libéral fondé sur la pitié et la charité ». Qu'arrivera-t-il ensuite ?

Dans cette situation historique, la question pratique à résoudre n'est pas de savoir comment remettre les gens au travail, mais comment détacher le revenu de l'emploi.

# 2

Les partisans actuels des coopératives de travailleurs et des syndicats sont tout aussi protestants (ou hégéliens, ou marxistes), lorsqu'ils proclament que le travail est l'essence de la nature humaine – et qu'il doit par conséquent être protégé contre la dégradation du travail salarié, d'un côté, ou protégé par les accords contractuels (conventions collectives), de l'autre.

Il est clair en tout cas que la version américaine du mouvement pour les coopératives de travailleurs a d'autres fondements intellectuels que le succès de Mondragon, cette énorme coopérative espagnole qui a étonné le monde par son efficacité. Aux États-Unis, ce mouvement est également inspiré par le raisonnement des anti-esclavagistes du XIX^e^ siècle, selon lequel « on ne peut être le propriétaire d'un homme » – le raisonnement selon lequel la capacité à produire de la valeur par le travail est un élément *inaliénable* de l'humanité, un droit naturel qui ne peut être ni acheté ni vendu. De ce point de vue, même la « location » temporaire de cette capacité innée, selon les termes des contrats de travail (formels ou informels), est aussi contre-nature, aussi impensable, que l'esclavage.

Pourquoi ? Parce que la responsabilité de nos actions « ne peut être transférée de l'un à l'autre à la manière d'une marchandise », comme le dit David Ellerman, le principal théoricien du mouvement coopératif aux États-Unis, même si vos actes sont définis par les termes de votre contrat d'embauche : un assassin payé est autant responsable du meurtre que l'homme qui l'a engagé. En ce sens, le *travail* salarié n'est pas très différent de l'*esclavage* salarié, et la libération de l'humanité exige en conséquence l'abolition d'un système où la plupart d'entre nous ne travaillent pas pour eux-mêmes, mais pour les autres, pour l'argent et non pas pour les bénéfices intrinsèques du travail [2].

L'idée fondamentale d'Ellerman est que louer un homme n'est pas moins frauduleux et absurde qu'en être propriétaire. Dans *Beyong the Corporation : Humanity Working* (« Au-delà de l'entreprise : l'humanité au travail ») [2011], David Erdal explique la pensée d'Ellerman d'une façon frappante :

> Dans un contrat d'embauche, l'employé est loué. En théorie, et en termes juridiques, l'employé est traité comme une chose, un instrument –

> comme une voiture louée. Mais une personne ne peut pas être transformée en instrument – ne peut pas être louée par quelqu'un d'autre, pas plus qu'elle ne peut être acquise [...]. Dit en un langage plus théorique : l'autonomie est inaliénable. Ce n'est pas une déclaration normative expliquant comment les choses devraient être, mais une déclaration factuelle expliquant comment les choses sont. [...] Il s'ensuit que le contrat d'embauche est une fraude [3].

Ces idées plongent leurs racines dans les mouvements de travailleurs du XIXe siècle, comme dans les discours anti-esclavagistes. Voici par exemple comment, en 1870, les Chevaliers de Saint-Crispin (Knights of St. Crispin), le syndicat des cordonniers, expliquaient leur opposition au travail salarié et leur soutien aux coopératives industrielles :

> Nous affirmons que, bien que les masses aient progressé vers l'indépendance [voilà, nous y sommes], elles ne seront jamais complètement libérées du vasselage tant qu'elles n'auront pas supprimé le système de l'embauche. Ceux qui travaillent pour recevoir un salaire sont tous, à un degré plus ou moins grand, des serfs. La demande et l'offre de main-d'œuvre font d'eux les jouets des circonstances. [...] Nous ne pouvons espérer vaincre cette loi de l'offre et de la demande. Mais

nous croyons qu'à mesure que l'homme devient son propre capitaliste, il conquiert aussi son indépendance à l'égard de cette loi. Comment tous les hommes peuvent devenir leur propre capitaliste est une question déjà résolue par les économistes politiques. La réponse tient en un mot : *coopération.*

Christopher Mackin dirige une entreprise de conseil à Cambridge, dans le Massachusetts, Ownership Associates, qui suit ces mêmes idées, en montrant aux travailleurs *et* aux employeurs comment ils peuvent affronter la perspective de fermetures d'usines ou d'OPA hostiles – ou de rachats amicaux par de grandes entreprises – par la création d'entreprises possédées par les employés, c'est-à-dire des coopératives assez proches de ce qu'envisageaient les Chevaliers de Saint-Crispin. Il m'a dit qu'aujourd'hui 11 millions d'Américains travaillent pour ces entreprises, plus que ceux qui sont représentés par l'AFL-CIO *. Dans la réussite d'entreprises possédées par leurs employés comme Harpoon Brewing, dont les fondateurs ont récemment créé via un ESOP (Employee Stock Ownership Plan) et vendu la compagnie à ses travailleurs plutôt

* Sigle de American Federation of Labor – Congress of Industrial Organizations, principale organisation syndicale américaine.

qu'à Budweiser, qui avait pourtant fait une offre plus lucrative, il voit la possibilité de ce qu'il appelle un « capitalisme démocratique ».

Je l'ai interrogé sur l'idéal coopératif qu'il défend. Est-ce qu'il exalte jusqu'au fétichisme la signification morale du travail, à la façon de Hegel, nous détournant ainsi des possibilités, morales et autres, d'une vie sans le travail, d'une vie d'après le travail – où nous fonctionnerions, disons, comme consommateurs, ou comme flâneurs, des « vagabonds de l'idéal », pour le dire avec William James *, plutôt que comme des fabricants, des acteurs, des producteurs ?

« Non, dit Mackin. Nous essayons de démocratiser le travail, parce que nous croyons que l'expérience du travail est fondamentale, pour le meilleur et pour le pire. Nous ne sommes pas des nostalgiques de l'époque de l'artisanat, des petites entreprises, etc. Nous voulons que les employés comprennent qu'ils peuvent contrôler cette partie cruciale de leur vie en en devenant propriétaires. » Donc, lui ai-je répliqué, vous voulez de la démocratie participative au travail ? Des gens prenant la responsabilité de tout ce

* Il emploie l'expression dans une conférence intitulée *On a Certain Blindness in Human Beings*, à propos du poète Walt Whitman.

qu'ils font, au travail et en dehors ? « Oui, a-t-il dit. Parce que cette responsabilité est inaliénable. Vous ne pouvez pas la vendre, et vous ne pouvez pas la louer non plus. Vous pouvez seulement la *déléguer.* »

Pour le mouvement des coopératives, l'enjeu fondamental, c'est ce que les philosophes appellent « l'épanouissement humain » (*human flourishing*), l'activation de ses capacités innées comme chemin vers la connaissance de soi. Voici comme Mackin a expliqué cette idée à Erdal, en termes concrets, solides, mais aussi aristotéliciens : « Ce qui m'intéresse, c'est le développement humain, l'effet sur la personnalité, la façon dont la propriété par les employés peut construire des individus sains, pas timorés, des gens qui ont un point d'appui, à partir duquel ils peuvent affronter les frictions, les craintes et les émotions que la hiérarchie fait toujours naître dans la vie sociale. Une entreprise démocratique, correctement structurée, est la plus à même de devenir une communauté d'égaux (*community of equals*). »

Donc – contre Marx – Ellerman, Mackin, Erdal et leurs collègues prétendent qu'acheter et vendre la force de travail est une illusion, une fraude légale perpétrée par la philosophie politique d'un côté (John Locke, principalement), et par la tradition juridique anglo-américaine de l'autre. En ce sens, ils marchent sur les traces du Workingman's Party de New York et des premiers socialistes utopiques (dont Pierre-Joseph Proudhon est l'exemple paradigmatique) qui, contrairement à Marx, traitaient la propriété comme un *vol* et la création du marché du travail comme une catastrophe. De même, ils marchent sur les traces des auteurs antiques, d'Aristote en particulier, en élargissant l'horizon de l'idéal participatif jusqu'à inclure le travail.

Mais ils sont néanmoins du côté de Marx (et contre Aristote) lorsqu'ils partent du principe que l'essence de la nature humaine réside dans sa capacité à produire de la valeur par le travail, et lorsqu'ils déduisent de cet axiome à la fois une théorie et un ensemble de pratiques. De ce point de vue, leur idéal coopératif, aussi intrigant soit-il, empêche de penser à nouveaux frais les possibilités d'un monde où le travail ne sera plus, jour après jour, l'événement central et formateur de nos vies.

Les défenseurs d'un syndicalisme fort, comme agent évident et nécessaire du progrès social, partent également du principe que le travail appartient à l'essence de l'homme, et, de ce point de vue, eux aussi opèrent à l'intérieur du sens commun défini par Hegel, Marx et Freud. Il y a bien longtemps, entre les années 1930 et les années 1960, ces défenseurs du syndicalisme étaient des acteurs majeurs dans les cercles où se décidait la politique de Washington parce que l'AFL et la CIO constituaient ensemble une présence politique puissante capable de faire pièce à la chambre de commerce.

Ce n'est plus le cas aujourd'hui.

Au cours des quarante dernières années, les syndicats ont quasiment disparu : c'est au point que seuls 10 % des travailleurs négocient collectivement leur contrat ; les emplois industriels, dans l'acier ou l'automobile, qui étaient le cœur et l'âme du nouveau mouvement syndical inventé dans les années 1930, ont été exportés dans des régions à bas salaires, sans syndicats, y compris dans le sud des États-Unis. Les créations d'emplois ont surtout eu lieu dans les métiers à col blanc, qui, comme on sait, sont peu hospitaliers aux syndicats. Le travail temporaire et contingent est devenu la norme, de même que les entreprises elles-mêmes vont et viennent dans une spirale rapide de fusions, faillites, transplantations, ou *rebrandings*. Et le changement technologique menace maintenant de supprimer la plupart des emplois inventoriés par le ministère du Travail (*Labor Department*) depuis un demi-siècle pour calculer les structures et les tendances de l'emploi.

Dans cette situation, il est pervers de prétendre que « la » classe laborieuse est le support évident, et même le seul support, des espoirs progressistes. Il serait même plus pervers encore de prétendre que la tradition du républicanisme social *, qui remonte au XIXe siècle – représentée par le Workingman's Party et les Chevaliers de Saint-Crispin – contient une théorie ou une pratique politique adaptées au XXIe siècle. Et pourtant, politiques et intellectuels de gauche, par exemple Alex Gourevitch, dans un brillant essai intitulé *De l'esclavage à la coopérative* (2015) [4], et Steve Fraser, dans *L'Âge de la mise au pas* (2015) [5], formulent ces deux idées comme si elles allaient de soi.

Ceux qui à gauche défendent le plein emploi croient que le pouvoir de négociation des travailleurs, donc leur volonté de s'organiser, augmentera en même temps que l'offre d'emploi. De leur côté, les défenseurs du républicanisme laborieux et de l'autogestion des travailleurs dans des

* « *Labor republicanism* », c'est-à-dire le mouvemement socio-politique qui, au XIXe siècle, tenta d'étendre la lutte contre l'esclavage à la lutte contre le salariat, au nom de l'idée selon laquelle un homme travaillant contre salaire n'était pas libre et ne pouvait l'être qu'en travaillant en coopérative. Un livre récent l'a mis en lumière : *From Slavery to the Cooperative Commonwealth : Labor and Republican Liberty in the Nineteenth Century*, d'Alex Gourevitch (2015).

entreprises possédées par leurs employés croient que l'identité individuelle dépend nécessairement du rôle que l'on joue dans la production de biens et de services. Et, encore plus à gauche, les partisans d'un mouvement de travailleurs galvanisé par de nouvelles impulsions à s'organiser croient que seule une classe ouvrière militante pourra changer le monde.

Tous sont les prisonniers inattendus – ou les geôliers ? – de l'éthique protestante du travail.

## 3

Mais les vrais garants du système, ceux qui nous font sentir à l'aise dans ce pénitencier qu'est le travail, sont les mêmes qui ont écrit le plus passionnément, éloquemment, et efficacement, sur le *travail manuel.* C'est une compagnie distinguée. Ce n'est pas le lieu ici d'en dresser toute la généalogie intellectuelle, d'Aristote à Arendt, mais il est indispensable de voir comment des philosophes politiques et des historiens professionnels ont défini notre façon de penser le travail. Je ne veux pas dire que tout le monde a lu leurs œuvres – bien sûr que non, je veux dire que pour nous leurs idées vont de soi :

ce sont des *self-evident truths*, du sens commun, tout simplement. Et je dis également qu'il faut nous libérer de leur emprise.

Certains de ces auteurs sont bien connus – Hannah Arendt, Richard Sennett, Christopher Lasch, Jackson Lears. Certains d'entre eux ont fui la respectabilité académique – je pense à Lewis Mumford – et d'autres, comme Alain de Botton et Matthew B. Crawford, la fuient encore. Tous sont de brillants défenseurs de l'idéal antique de la *poïèsis* (bien que de Botton, à dire le vrai, soit plus ambigu que les autres quand il parle du sens du travail).

Arendt est la figure clé. Quand elle écrit *Condition de l'homme moderne*, un livre originellement financé par la fondation Rockefeller en tant que critique du marxisme, elle passe en revue tous les continents qui comptent dans le domaine de la philosophie occidentale – elle a été l'élève de Martin Heidegger à la fin des années 1920 mais, contrairement à la plupart des autres réfugiés ayant fui l'Allemagne de Hitler, elle admirait les énergies intellectuelles de sa nouvelle patrie, les États-Unis. (Son meilleur livre, *Sur la révolution* [1962], affirme que la Révolution américaine a été bien plus réussie et bien plus importante que son homologue française.) Elle fut la directrice de thèse de Sennett à la New School for Social Research de New York, elle fut aussi une inspiration pour Lasch et Crawford, entre autres nombreux auteurs défendant l'antique éthique du travail contre ses alternatives modernes.

La grande ironie et la valeur profonde de *Condition de l'homme moderne* réside dans une fracture : Arendt a écrit une défense passionnée du *travail* comme *porteur de sens* (*meaningful*), au moment précis où la technologie éradiquait le *travail socialement nécessaire* au moyen de l'automatisation. Elle le savait et le disait :

> L'époque moderne s'accompagne de la glorification théorique du travail et elle arrive en fait à transformer la société tout entière en une société de travailleurs. Le souhait se réalise donc, *comme dans les contes de fées*, au moment où il ne peut que mystifier. C'est une société de travailleurs que l'on va délivrer des chaînes du travail, et cette société ne sait plus rien des activités plus hautes et plus enrichissantes pour lesquelles il vaudrait la peine de gagner cette liberté. […] Même […] parmi les intellectuels, il ne reste que quelques solitaires pour considérer ce qu'ils font comme des œuvres et non comme des moyens de gagner leur vie. Ce que nous avons devant nous, c'est la perspective d'une société de travailleurs sans travail, c'est-à-dire privés de la seule activité qui leur reste. On ne peut rien imaginer de pire [6].

Sa tâche, telle qu'elle la concevait, était donc de réhabiliter le travail (*poïèsis*) et l'action politique comme les activités « supérieures » qui pourraient nous occuper une fois que nous aurions dépassé le royaume de la nécessité * – celui du travail socialement nécessaire – de manière à ce que notre vie quotidienne soit caractérisée par quelque chose de plus que la consommation compulsive de biens sans valeur. Comme tout philosophe pré-hégélien et comme presque tous les penseurs du social post-hégéliens (y compris les marxistes), Arendt mesurait le monde moderne à l'aune des idéaux de l'Antiquité, et elle le trouvait vide, grossier, ridicule, répugnant même. Elle écrivait donc souvent comme si ses plaintes allaient de soi. Par exemple : « Considérés comme parties du monde, les produits de l'œuvre [*poïèsis*, là encore] – et non les produits du travail – garantissent la permanence et la durabilité sans lesquelles aucun monde ne serait possible [7]. »

Si je comprends ce qu'elle est en train de dire ici, j'ai envie d'éclater de rire. Elle plaisante ! Mais non, elle le dit et le répète, avec toujours plus d'emphase. Par exemple :

* Allusion à un célèbre passage du *Capital* de Marx : « Le royaume de la liberté ne commence réellement que là où cesse le travail issu de la nécessité et de la contrainte extérieure. »

> La seule activité qui corresponde strictement à l'expérience d'absence-du-monde, ou plutôt à la perte du monde que provoque la douleur, est l'activité de travail, dans laquelle le corps humain, malgré son activité, est également rejeté sur soi, se concentre sur le fait de son existence et reste prisonnier de son métabolisme avec la nature sans jamais le transcender, sans jamais se délivrer de la récurrence cyclique de son propre fonctionnement.

(Arendt brode ici sur la notion heideggérienne de « perte du monde », venue de *Être et Temps* [1927], tout en s'accordant aussi, je pense, avec ses essais d'après-guerre sur l'humanisme et la technologie ; je crois que ces idées de Heidegger sont également la source des méditations d'Elaine Scarry dans *Le Corps souffrant* [*The Body in Pain*, 1985] [8].)

Maintenant, si jamais il vous est arrivé un jour de travailler dans une usine, dans l'équipe au sol d'une compagnie aérienne, dans le bâtiment, ou comme gardien d'immeuble – je suis passé par tous ces boulots merdiques –, vous savez ce qu'il en est. Vous savez que ce qui semble un labeur non intellectuel, purement manuel, ne se réduit jamais simplement à ça, et que c'est impossible : seuls les animaux et les psychopathes demeurent prisonniers de leur propre métabolisme, c'est-à-dire enchaînés par les pulsions physiques que nous appelons instincts. Vous connaissez aussi quel paradoxe en résulte : contrairement à la plupart des êtres humains, les animaux et les psychopathes demeurent individuels d'une façon qui n'appartient qu'à eux, dans leurs derniers instants d'êtres sensibles, à l'heure de leur mort.

Nous autres, en revanche, nous travaillons avec les autres, et l'esprit tournant à plein régime, quelque subalterne que soit la tâche, et quand nous mourons, un carnaval de deuil commence, à moins bien sûr que nous n'ayons renoncé au monde. Toute notre vie, nous sommes engagés dans un *travail social*, et ce faisant nous transcendons, ou nous quittons, le cycle récurrent des fonctions corporelles qui sont spécifiques *en tant qu'individus.*

Vous n'êtes jamais seul au boulot, même quand vous êtes seul. Ne vous méprenez pas : il n'y a pas de travail plus social que l'écriture, parce qu'elle présuppose les conventions du langage, de la forme, et du style, mais aussi parce qu'elle requiert des systèmes de stockage et de distribution qui dépasse les limites de l'imagination individuelle.

En tout cas, telle a été mon expérience, et c'était aussi le raisonnement de Hegel dans la fameuse section sur le maître et l'esclave dans la *Phénoménologie de l'esprit* : c'est l'esclave, pas le maître, qui atteint la conscience de soi, parce qu'il est capable de transcender son abjection, de déplacer son désir immédiat de libération de la douleur physique sur la transformation du monde extérieur à travers le travail. Le maître est *dans* mais non *de* ce monde – contrairement à l'esclave, il n'a pas à s'engager dans le monde, à le changer, et donc il ne peut pas le connaître, ou se connaître lui-même.

La description qu'Arendt fait du « labeur » dans *Condition de l'homme moderne* est donc une critique explicite de Hegel et, par ricochet, de Marx. En appliquant sa grille de lecture venue de l'Antiquité, c'est le maître, l'homme affranchi de la nécessité, qui est le modèle de la conscience de soi.

Que devons-nous en conclure ? Comment puis-je invoquer Hegel et Marx après les avoir critiqués en tant que sources premières de notre dévotion fétichiste au travail ? Si je le fais ici, c'est parce que le maître, tel qu'Arendt le conçoit, n'est autre que l'intellectuel, le philosophe-roi, l'architecte de la vie des autres – l'écrivain qui sait comment *représenter* les autres, « les gens », comment dire l'histoire des autres – nous. Ce maître n'est pas l'homme de loisir en qui Platon et Aristote voyaient un gardien de la vertu, cependant : car, à leur époque, « les gens » étaient la populace mal dégrossie, indigne d'être représentée, si ce n'est sous la forme d'une comédie.

Ce qui manque dans l'analyse d'Arendt, c'est justement cela, *nous*, les hommes et les femmes de loisir créés par le développement du capitalisme. Cette catégorie comprend la plupart d'entre nous, et je dis bien « la plupart ». Je parle des gens sans emploi ; de ceux dont les emplois ont été réduits au minimum (*downsized*) par la technologie ; de ceux qui ont des emplois stables, mais au salaire insuffisant (« associés » de Walmart, professeurs auxiliaires, employés de fast-foods) ; et de ceux qui gagnent peu d'argent avec leurs boulots, mais disposent de suffisamment de temps pour suivre une vocation (enseignants, journalistes, professeurs).

Nous avons tous quelque chose en commun : c'est l'opportunité – je dirais presque le luxe – de nous concevoir comme autre chose que des *fonctions économiques*, quelque chose de plus qu'une désignation professionnelle. Quelque chose d'au-delà du travail, d'après le travail, d'en dehors du travail, de partout sauf du travail.

# 4

Ce que craignait Arendt, c'était qu'une fois libérés des contraintes du labeur, nous nous mettions à gaspiller notre temps – le loisir allait nous corrompre, faire de nous les dupes de l'ambition télévisée et de l'abrutissement rural, qui ont aujourd'hui convergé dans la télé-réalité. Elle n'a jamais envisagé la possibilité que nous pourrions inventer autre chose que de nous enfoncer dans l'état abrutissant et inarticulé de la « perte du monde ».

Mais c'est là qu'est le problème. Après le FAP de Nixon, personne d'autre n'a considéré cette possibilité comme une question pratique ou comme la réalité à venir. Ni Christopher Lasch dans *Le Seul et Vrai Paradis* (1991), ni Richard Sennett dans *Ce que sait la main* (2007), ni Matthew Crawford dans *Éloge du carburateur* (2009), ni Alain de Botton dans *Splendeurs et misères du travail* (2010). Ni Robert et Edward Skidelsky dans *How Much Is Enough ?* (2014). Ni les autonomistes, ces théoriciens essentiellement italiens, inspirés par Antonio Negri, qui ont pourtant saisi que la technologie de l'information avait fondamentalement changé la nature du travail et pourrait l'abolir, du moins tel que nous le connaissons – ni même leur héritière présomptive, Kathi Weeks, dans *The Problem with Work* (2009).

À la place, tout le monde veut ou bien que nous travaillions, ou bien que nous ayons un *travail enrichissant* (*meaningful*). Sinon, pensent-ils, la superficialité et l'hédonisme de la culture de consommation nous contamineront, et nous deviendrons les créatures des démagogues.

Prenez par exemple le dernier livre de Crawford, *Contact : Pourquoi nous avons perdu le monde, et comment le retrouver* (2015), où il récapitule l'itinéraire intellectuel de son best-seller de 2009 (*Éloge du carburateur*) en insistant sur le fait que le travail manuel qualifié – en un mot, *poïèsis* – est le remède au mal qui nous affecte, nous, habitants isolés et errants d'une culture de la consommation galvanisée par le narcissisme (notez l'hommage à Lasch dans cette dénonciation). C'est une reprise de l'analyse d'Arendt, pas moins sérieuse, pas moins risible.

Crawford va cependant au-delà d'Arendt, en évoquant l'obstacle que nous devons affronter, si nous voulons aller chercher le « travail plein de sens » dans les poubelles de l'histoire : c'est que nous avons laissé des représentations éphémères se substituer à une réalité qui, selon lui, est directement accessible à notre entendement. Il critique les Lumières, la pensée nouvelle du XVII^e^ et du XVIII^e^ siècle, pour nous avoir détournés des « choses elles-mêmes ». Mais selon Crawford, les Lumières englobent tout le monde, de Newton et Locke à Vico, Descartes et Kant – en ce sens, c'est un antimoderne. Il est aussi contre la *représentation* elle-même, cette impulsion à *confondre* une chose avec une autre que nous appelons « métaphore », la capacité linguistique qui nous rend humains. Comment est-ce possible ? Voici un échantillon de la polémique :

> Que vous la considériez comme puérile ou comme l'accomplissement le plus remarquable de l'esprit européen, la doctrine philosophique kantienne fonde l'équivalence entre liberté et choix, la notion de choix étant comprise par les Modernes comme une pure expression de la volonté inconditionnée. C'est important pour comprendre notre culture, car cette conception du choix est une notion fétiche du consumérisme capitaliste ; ceux qui nous offrent des choix passent pour les instruments de notre propre liberté.
>
> Lorsque la volonté qui choisit est totalement isolée de l'univers flou et incontrôlable des aléas du monde empirique, elle devient effectivement

> plus « libre » dans un certain sens : libre de s'adonner à un certain type de rapport névrotique et aliéné à la réalité, lequel ouvre grand la porte à l'influence des prestataires d'options préfabriquées qui souhaitent nous épargner l'effort de nous confronter au réel à travers un engagement pratique [9].

Comme si la liberté, comprise comme émancipation de la contrainte sociale ou des diktats politiques (telle sera la version moderne, libérale, « négative » *) ou comme un accès au pouvoir politique (la version antique, républicaine, « positive ») ne produisait pas des choix ? Comme si le monde ne se révélait à moi que lorsque je m'y engage avec mon corps et mes compétences, dans le cadre d'un travail manuel ? Comme si l'homme de l'art, l'artisan, était le seul modèle de connaissance, le seul lieu de l'authenticité, qui soit disponible ? Ne vous foutez pas de ma gueule.

Hegel, contrairement à Crawford et Arendt – et tout le monde entre les deux, en particulier Sennett –, est allé au-delà de l'idée de *poïèsis* dans les *Principes de la philosophie du droit*, le traité

* Allusion à la distinction entre liberté positive et liberté négative proposée par Isaiah Berlin dans *Two Concepts of Liberty* (1958).

qui achevait le parcours commencé avec la *Phénoménologie.* Là, aux paragraphes 67 et 80, il déclarait explicitement que les salariés n'étaient pas des esclaves, et que la propriété obtenue grâce au contrôle de son propre corps, après des heures de travail, était la première incarnation de la liberté.

Dans la *Phénoménologie*, il avait déjà ridiculisé la moralité d'esclave de la « belle âme » – le stoïcien, le sceptique, ou le chrétien qui affirmerait que sa liberté est une affaire de conscience privée, pas quelque chose qui doit se prouver en public, dans le cadre de la loi, dans la société civile, au travail. Ce faisant, Hegel disait que saint Augustin, en affirmant que « *in interiore homine habitat veritas* » (« la vérité habite l'intérieur de l'homme »), était trop bon pour ce monde.

Ou pas suffisamment bon pour le monde moderne.

Marx emboîta le pas à Hegel. D'un côté, il écrivit que la libération de la classe ouvrière impliquerait son abolition comme classe – car une fois libérés de leurs chaînes, les prolétaires ne seraient plus des travailleurs (employés). De l'autre, il proclama que la vraie liberté surviendrait à un moment donné, une fois dépassé le règne de la nécessité, quelque part en dehors du domaine du travail socialement nécessaire. « Le règne de la liberté ne commencera pas, dit-il, avant qu'on en ait fini avec le travail accompli sous l'impulsion de la nécessité ou en vue d'une utilité externe. »

Herbert Marcuse, le philosophe de l'école de Francfort, poussa l'idée aussi loin que possible, dans sa méditation brillante et bouleversante, *Éros et Civilisation* (1955). Contrairement à beaucoup de marxistes, peut-être à la plupart d'entre eux, Marcuse comprit que Marx lui-même dénonçait le travail comme aspiration appropriée d'un mouvement social adéquat à son temps, « le temps moderne », comme dirait Hegel. Comme beaucoup de penseurs du social des années 1950, comme la plupart peut-être – et comme Arendt –, Marcuse vit que les forces de l'automatisation allaient bientôt renverser « la relation entre le temps libre et le temps de travail, sur laquelle repose notre civilisation ». Mais contrairement à Arendt, il envisageait « la possibilité que le temps de travail devienne marginal, et que le temps libre devienne un plein temps ».

Même chose chez Kenneth Burke, mon historien préféré. Il n'était pas marxiste, mais se servait beaucoup de Marx pour expliquer non seulement la crise de 1929, mais aussi les limites intellectuelles des solutions que la gauche proposait pour la résoudre. Vingt ans avant que Marcuse n'affirme que le temps de travail socialement nécessaire était une espèce en voie de disparition, Burke expliqua que les bénéfices idéologiques de l'éloge du travail en tant que tel – ou du « travailleur » comme essence de l'être humain – étaient en train de diminuer. Au Congrès des écrivains américains sponsorisé par le parti communiste en 1935, il déclara : « Il y a peu de gens qui veulent vraiment travailler, par exemple, comme rouage humain dans une usine d'automobiles, ou comme ramasseurs de légumes dans une grande ferme. Ces métiers suscitent notre *sympathie*, mais pas notre *ambition*. Notre idéal est d'*éliminer*, autant que possible, ce genre de travail, ou de réduire sa dureté au minimum. »

Dans ces termes marxistes, les travailleurs américains qui constituent la « classe moyenne » ne souffrent pas de fausse conscience – ils ne sont pas « prisonniers du rêve américain » –, comme le pensent bêtement Mike Davis et ses sponsors de la *New Left Review*, et comme le croient encore la plupart des gens de gauche. Ces travailleurs sont des êtres éminemment rationnels, qui refusent d'être définis par leurs emplois ou par leurs *fonctions économiques*, qui ne veulent pas de la condescendance de Davis, et qui n'ont pas besoin d'être politiquement représentés par quiconque.

Quant à Freud, eh bien, c'est un cas particulier. Il savait que la « compulsion à travailler » était un symptôme de névrose, mais en tant que fondateur de la psychanalyse, il essayait de traiter les symptômes comme autant de tentatives de guérison. Son collègue, Sándor Ferenczi, alla encore plus loin, en disant que l'« expérience » infantile de l'omnipotence – la production d'effets physiques et matériels, au moyen de sons, gestes, mots magiques – était la source du désir désespéré de liberté qui caractérise les êtres humains : le travail était sa re-performance, mais sous le signe du principe de réalité. Le travail social était la sublimation, plutôt que la simple répression ou le simple déplacement, de ce fantasme.

Mais comme l'a montré Norman O. Brown, le grand philosophe psychanalytique de l'histoire, ce besoin de sublimer est, en fait, une impulsion à produire un surplus – c'est l'origine psychologique et la manifestation sociale de ce que j'ai appelé tout à l'heure le principe de *productivité*. Comme tel, c'est le corrélat objectif de ce que Freud appelait le caractère anal-compulsif, et de ce que Max Weber appelait (exactement au même moment) la personnalité ascétique.

Ce sont deux variations sur le thème de l'éthique protestante du travail, et maintenant ce sont deux maladies mortelles : elles nous tuent en nous demandant plus d'épargne, plus de croissance, et plus de marchandises, comme le remède évident à nos maux. Jadis, cette éthique était une arme dans les mains des *commoners*, des paysans, des travailleurs. Maintenant, c'est une entrave au développement des forces productives. Elle nous enchaîne à un passé que nous n'avons pas à revivre : c'est une compulsion de répétition.

Alors, comment le symptôme, la compulsion à travailler, peut-il fonctionner comme une tentative de guérison ? Uniquement en nous libérant, finalement, de l'impulsion à produire du surplus, à reporter la gratification, à épargner pour le temps des vaches maigres. Uniquement en nous permettant de saisir qu'aujourd'hui la plupart du travail que nous accomplissons est socialement *non* nécessaire – c'est-à-dire un travail dont la valeur est faible, décroissante, voire nulle, sur le marché. Uniquement en nous montrant que travailler dur, c'est juste vivre à la dure, rien de plus, rien de moins.

Quand nous aurons compris ce simple fait, le critère du *besoin* – de chacun selon ses capacités à chacun selon ses besoins – pourra moduler, et peut-être remplacer, le principe de la *productivité*. Alors, nous pourrons dire « *fuck work* » pour de bon. Dans le chapitre suivant, j'explique comment et pourquoi nous avons atteint ce moment.

# Chapitre IV

# Après le travail

# 1

Au début de ce livre, j'ai dit que le marché du travail s'était effondré comme tous les autres. Je voulais dire qu'il ne fonctionne pas comme nous le pensons, et comme nous avons besoin qu'il fonctionne – il ne distribue plus des opportunités et des revenus d'une façon qui puisse nous sembler compréhensible ou justifiable, à moins que nous soyons gangsters ou banquiers, deux profils professionnels devenus récemment impossibles à distinguer.

La crise de 2008 a donné à cet effondrement une apparence de soudaineté ; mais, dans le cas du marché du travail, nous avons affaire à un effondrement lent qui remonte aux années 1950, tel que Daniel Bell, Hannah Arendt, Heather Ross et Wassily Leontief l'avaient prédit, et tel que les sponsors du Family Assistance Program de Nixon – Donald Rumsfeld et Dick Cheney – l'avaient compris.

Si j'ai raison de parler d'effondrement – et bien sûr que j'ai raison, les faits parlent d'eux-mêmes –, la crise que nous affrontons est beaucoup plus qu'économique. Parce que, désormais, la productivité ne peut plus être la mesure de l'homme, ou des hommes, ou de qui que ce soit d'autre. Parce que, désormais, notre question devient *non pas si mais comment* être le gardien de notre frère. Pouvons-nous nous aimer vraiment les uns les autres, en laissant tomber le principe de productivité, et en appliquant le critère du besoin – de chacun selon ses capacités à chacun selon ses besoins ?

Si Freud avait raison de dire que l'amour et le travail étaient les deux composantes essentielles de la nature humaine, que faire face au déclin, et maintenant face à la disparition concrète, du travail socialement nécessaire ? Pouvons-nous aimer nos prochains comme nous-mêmes en l'absence d'un travail fournissant un salaire qui permette de vivre ?

Nos questions sont donc les suivantes. Comment fournirons-nous des revenus pour : (1) Les gens qui travaillent dur, mais *ne produisent pas de la valeur* ayant un numérateur intéressant (*marketable numerator*) *, j'entends par là

* L'auteur joue ici avec le vocabulaire de l'analyse financière. Pour évaluer la liquidité d'une entreprise, on

un retour sur leur investissement de temps de travail, par exemple [a] les employés de fast-foods, journalistes, universitaires, cinéastes, et musiciens, mais aussi [b] les gens dont le temps de travail a été historiquement sous-évalué pour des raisons de genre ou de race. (2) Les gens qui *ne travaillent pas* parce qu'ils *ne peuvent pas*, par exemple les personnes âgées, qui constituent une proportion croissante de la population de toute nation développée. (3) Les gens qui *ne travaillent pas* – ils ne produisent pas de valeur reconnue par le marché du travail – parce qu'ils ont mieux à faire ?

Ainsi conçu, l'effondrement du marché du travail n'est pas seulement une crise économique ; c'est une opportunité morale, permettant de repenser notre relation au travail, et de penser à nouveaux frais à propos de quoi, et qui, nous pouvons aimer. Mais pour le moment, je voudrais formuler cette opportunité avec une autre question. Cet effondrement signifie-t-il l'échec ou la réussite du capitalisme ?

calcule son « ratio de liquidité générale » (*current ratio*), où les actifs à court terme (*current assets*) constituent le numérateur, et le passif le dénominateur (*current liabilities*). Ici, l'individu est donc assimilé à une entreprise : le salaire joue le rôle des actifs, et le coût de la vie celui du passif.

# 2

« Échec » est le mot juste. C'est ce qu'a admis Eduardo Porter, du *New York Times*, qui n'est pas précisément un économiste d'extrême gauche, dans sa chronique du 21 avril 2015. Mettant entre parenthèses la question de la moralité des entreprises – est-il juste de payer les employés de McDo 8 dollars de l'heure quand les dirigeants de la compagnie gagnent trois cents fois cette somme ? –, il écrit ceci :

> Le marché de l'emploi – l'institution la plus essentielle des sociétés capitalistes, le principal véhicule de redistribution des richesses nationales parmi les citoyens – ne fonctionne pas correctement. Cela pose une question fondamentale : si le marché de l'emploi ne parvient pas à maintenir des gens qui travaillent dur au-dessus du seuil de pauvreté, à diffuser plus largement la prospérité, comment cela se fera-t-il ? L'assistance publique est-elle notre futur [1] ?

En un mot, oui. Le marché de l'emploi ne peut pas fournir assez de travail ni assez de revenu pour la vaste majorité de ceux qui ont vraiment besoin d'un emploi, et pourtant l'excès de biens disponibles sur le marché ne cesse d'augmenter. Nos choix sont donc limités. Soit nous élargissons les paiements de transfert – « assistance publique », « allocations », appelez ça comme vous voudrez – pour permettre aux ménages et aux individus de joindre les deux bouts et d'acheter des biens, soit nous assistons sans rien faire à la progressive transformation de la société américaine en sinistre oligarchie, la « bataille du riche et du pauvre » (*rich and poor man fray*), prédite par Herman Melville en 1876.

Soit nous détachons le revenu du travail, soit nous nous tuons, au sens figuré comme au sens propre. Soit nous garantissons un revenu à chacun, sans tenir compte de sa productivité, soit nous nous déclarons en état de mort cérébrale.

Mais comment est-on parvenu à ce point de faillite morale, où, pour acheter le droit de ne pas mourir, vous devez avoir deux boulots ou travailler à Wall Street – où vous êtes soit au chômage, soit mort pour le monde ? Pour répondre à cette question, vous devez changer de bord avec moi, et dire que cet effondrement du marché de l'emploi n'est pas un échec, mais le plus grand succès du capitalisme.

Ce qui a fait l'originalité du capitalisme, c'est la création d'un marché de la main-d'œuvre –

autrement dit, l'invention de la classe des travailleurs, une couche sociale semblable à aucune autre avant elle, sans droit d'accès aux ressources communes ni au statut de citoyens. Ni esclaves ni serfs, ces hommes et ces femmes n'étaient propriétaires que d'eux-mêmes, ou plutôt de leur capacité à produire de la valeur à travers le travail. C'était tout ce qu'ils avaient à vendre, et ils en ont tiré le maximum : ils ont changé le monde.

La création de cette nouvelle classe a pris au moins deux siècles en Angleterre, de la fin du XVIe à la fin du XVIIIe siècle. Le même processus social se reproduisit en Amérique du Nord, plus rapidement, entre les années 1740 et les années 1870. Karl Marx parlait d'« accumulation primitive ». Il signifiait par là l'expropriation et le déplacement de la paysannerie, que le droit coutumier autorisait à utiliser les ressources communes – les terres que personne ne possédait, que personne ne clôturait, où tout le monde pouvait chasser ou chercher de quoi se nourrir – et la transformation du moindre artefact naturel, en particulier la terre et la main-d'œuvre, en un bien fongible au prix fixé par le marché. (En Amérique du Nord, cette expropriation et ce déplacement ont pris le nom de « déportation des Indiens » [*Indian removal*] – extermination des indigènes, ou isolement dans des « réserves ».)

Le mot-clé ici est celui des « biens communs » (*commons*), le lieu où, jusqu'au XVI^e siècle, la possession légale, l'affirmation et la mise en vigueur de droits de propriétés – les « enclosures », comme on les a appelées – étaient inconcevables, parce que tout le monde savait que, sans accès à ces terres, il était impossible de rester en vie, à moins de commencer à voler ou à travailler au sens moderne du mot, c'est-à-dire à devenir un travailleur salarié.

Ainsi conçu, le capitalisme est advenu quand et là où l'universalisation de la « forme marchandise », comme disait Marx, s'est faite, quand jusqu'à l'essence de la nature humaine, le travail lui-même, était en vente – quand votre valeur dans le monde pouvait être mesurée à partir du coût de votre nourriture, de vos habits et de votre logement. Quand la main-d'œuvre devint une marchandise, votre valeur, en tant que travailleur, correspondait au coût du dispositif – nourriture, habits, abri – permettant de vous maintenir en vie. Mais Marx lui-même, ce critique féroce du capitalisme, a toujours insisté sur le fait que le salaire, l'indice de cette valeur, comprenait « un élément historique et moral » qui dépassait les étalonnages impersonnels du marché.

Il rejetait donc la notion de « loi d'airain des salaires », qui prédisait que, au fur et à mesure que la valeur de la main-d'œuvre déclinerait, en raison de la croissance de la population – plus d'offre + moins de demande = des prix plus bas –, les travailleurs seraient inévitablement conduits au niveau d'une existence de subsistance, c'est-à-dire à la pauvreté. Marx pensait que les lois de l'offre et de la demande trouveraient devant elles trop de forces contraires – syndicats, mouvements sociaux, sens commun de la décence – pour prévaloir.

De plus, et plus important encore, Marx était d'accord avec David Ricardo pour penser que l'introduction des machines, en permettant de faire des économies de main-d'œuvre, délogerait bien sûr des travailleurs qualifiés, mais n'en augmenterait pas moins la demande de main-d'œuvre, dans la mesure où *il fallait bien que quelqu'un construise les machines.*

Et pourtant, la théorie du travail établie par Marx affirmait que le montant du salaire était une fonction mathématique des coûts sur le marché du travail, indépendamment des effets de l'« élément historique et moral ». En formulant sa « loi de l'accumulation du capital », il prédit la désintrication graduelle du travail humain du processus de production des marchandises – au point que le temps de travail deviendrait inutile, parce que les machines construiraient elles-mêmes. Sur ce point, ses prophéties se révélèrent exactes.

# 3

Et si Marx avait eu à la fois raison et tort ? Tort au sens où la loi d'airain des salaires semble fonctionner, après tout – regardez simplement le nombre de gens qui, tout en ayant un emploi, doivent se nourrir au moyen de coupons d'alimentation –, mais raison au sens où l'« élément historique et moral » dans la détermination des salaires semble faire aujourd'hui son comeback, au moment précis où le temps de travail est devenu inutile ? N'est-ce pas finalement cela, l'enjeu du mouvement pour un salaire minimum de 15 dollars, cette réaffirmation d'une nécessité morale à rejeter l'équation fixée par le marché entre les facteurs de la production et les êtres humains ?

Cela sonne beaucoup comme des questions rhétoriques, j'en ai bien conscience, mais ce n'en sont pas.

Le développement du capitalisme a atteint le point de ce que j'ai appelé ailleurs la « désaccumulation primitive », et de ce que Jeremy Rifkin a appelé la société du « coût marginal zéro ». Lui et moi décrivons à peu près la même chose, mais nos lexiques éclairent différents passés et différents futurs [2].

Par « désaccumulation primitive », je veux dire que la « forme marchandise » régule une proportion des transactions socialement nécessaires qui diminue, en un *renversement* de ce que Marx appelait l'accumulation primitive. De sorte que la ressource de base de la société postindustrielle – l'information – est en train de devenir rapidement plus ou moins gratuite. Pensez à ce que vous ne payez plus, parce que vous avez téléchargé un logiciel, Napster hier, aujourd'hui BitTorrent, un autre demain. Mes étudiants utilisent des sites Internet russes pour télécharger des livres toujours protégés par le droit d'auteur, y compris les miens.

Aujourd'hui, vous pouvez télécharger à peu près n'importe quoi gratuitement, de sorte que les nouveaux « biens communs » font irruption dans le *business model* de tous les secteurs, en particulier la musique et les journaux, mais aussi les films. Bientôt l'enseignement supérieur lui-même, cet ultime avatar de la prison pour dettes, sera gratuit, non parce que les politiciens restaureront les *Pell Grants* * et financeront des universités publiques, mais parce que les MOOCs et YouTube donneront

* Bourses du gouvernement destinées aux étudiants, ainsi nommées en hommage au sénateur démocrate qui les fit instituer, Claiborne Pell (1918-2009).

à chacun accès aux universitaires les plus influents de la planète – de Michael Handel et Martha Nussbaum à David Harvey.

Rifkin et moi sommes d'accord sur le fait que, au fur et à mesure que le marché enregistre une baisse des transactions – au fur et à mesure que nous produisons et distribuons plus de biens sans la médiation de l'argent –, les prévisions quant à la croissance économique, le PIB, etc., commencent à s'assombrir. Des économistes de première ligne, comme Robert Gordon et Tyler Cowen, ont en conséquence prédit un déclin de l'innovation et la fin de la croissance. Après tout, le ministère du Commerce (Commerce Department) ne peut pas mesurer ce qui n'est pas comptabilisé. Mais c'est justement ce qui caractérise ce nouveau stade du développement économique – il ne peut pas être mesuré par les vieux critères quantitatifs, même si, incontestablement, nous produisons plus que ce dont nous avons besoin.

Les créateurs et les pourvoyeurs d'informations – journalistes, éducateurs, musiciens, cinéastes, geeks en général – ne travaillent pas moins d'heures qu'autrefois. En fait, on travaille tous davantage. Et nous sommes, à dire le vrai, plus productifs que jamais. Il y a plus d'information, plus de musique, plus de films, plus d'images que jamais, *et c'est nous qui les produisons nous-mêmes*, mais sans aucune attente de rémunération rationnelle.

Nous savons que ce que nous faisons est *sans valeur*, une fois mesuré selon les critères du marché de l'emploi, mais nous le faisons quand même.

Comment ? Quand et pourquoi « gagner sa vie » est-il devenu impossible ? Ne dites pas que nous avons exporté tous les bons boulots syndiqués de l'industrie (production de marchandises). Ce n'est pas une réponse, parce que dans une société postindustrielle comme la nôtre, presque tous les emplois sont « tertiaires », c'est-à-dire consacrés à la distribution ou à la gestion plutôt qu'à la production de marchandises, et il en est ainsi depuis les années 1950, comme l'avaient prédit les intellectuels d'alors. Vouloir rapatrier tous ces bons vieux boulots est comme vouloir revivre le bon vieux temps : c'est simplement stupide.

Et ne parlez pas de la « main-d'œuvre à vil prix » (*cheap labor*), importée ou exportée – immigrés pauvres qui inondent le marché de l'emploi américain ou travailleurs des *sweatshops* ailleurs, qui travaillent pour rien – parce que alors vous venez de me donner raison : vous êtes d'accord avec moi pour reconnaître que le grand *parachèvement* du marché de l'emploi, le grand succès du capitalisme, a été de rendre le travail inutile, absurde, d'en faire une dispensable diversion de l'essentiel. Les machines épargnant la main-d'œuvre sont transportables, comme les travailleurs chinois le découvriront bientôt.

## 4

Mes réponses à la question de savoir comment le temps de travail est devenu sans valeur sont des variations sur des thèmes que Marx lui-même a développés. Pour commencer, la classe des travailleurs a été abolie, pas officiellement, et pas dans un grand soir – « la révolution » –, mais dans le murmure feutré de l'informatique. Vous ne pouvez pas avoir une classe de travailleurs s'il n'y a pas de travail, ou plutôt si le travail n'a pas de valeur sur le marché, si, par conséquent, le travail ne peut pas revendiquer *monétairement* les biens disponibles sur le marché. Et regardons les choses en face : travailler sans un revenu décent est moralement révoltant, parce que l'esclavage n'est pas loin. C'est beaucoup plus révoltant, en tout cas, que de percevoir un revenu sans travailler.

Voilà, donc, pour les travailleurs. Quant aux capitalistes, cette classe que nous adorons haïr, elle a entre-temps été abolie par d'autres moyens. L'accumulation primitive avait créé une classe de travailleurs en expulsant les paysans de la terre vers les villes, où ils purent apprendre à travailler à l'heure – ou à mourir en essayant. De la même façon, elle créa les capitalistes, des individus bourgeois qui embauchaient la main-d'œuvre, investissaient dans les usines et les équipements, économisaient leurs profits, et célébraient leur sobriété comme une vertu.

Pendant trois siècles, ils prospérèrent, et à la fin du XIX^e^ siècle, ils résolurent une crise fondamentale en se condamnant eux-mêmes à la mort sociale.

Cette crise, c'était le triomphe de la classe des travailleurs pendant le Gilded Age *. Je sais, ce n'est pas ce que vous avez appris dans vos cours d'histoire, mais c'est ce qui s'est passé. Entre 1873 et 1896, la croissance économique a été spectaculaire, sans précédent, et pourtant ses bénéfices, en termes de revenus, semblaient aller principalement, voire uniquement, aux travailleurs. Ce n'était pas un secret. En 1896, des économistes de renom (David Wells, Edward Atkinson, Charles Conant, Jeremiah Jenks) le disaient, et le Finance Committee du Sénat américain, dirigé par Nelson W. Aldrich de Rhode

* « Âge d'or » : période de prospérité entre la fin de la guerre de Sécession (1865) et le début du XX^e^ siècle.

Island, avait organisé des auditions pour vérifier et expliquer l'anomalie.

Le problème, à cette époque, était l'*exact inverse* du nôtre – nous ne vivons pas un nouveau Gilded Age. Aujourd'hui, la productivité de la main-d'œuvre ne cesse d'augmenter, les salaires réels ne cessent de baisser, et les inégalités ne cessent de se creuser. À la fin du XIXe siècle, les salaires réels augmentèrent, tandis que la productivité stagnait (même si, je le redis, la croissance économique était spectaculaire). Le résultat mesurable, alors, fut un déplacement de parts de revenus du capital au travail – une compression du profit qui transforma les capitalistes en serviteurs du peuple, selon leur propre analyse et celle de tous les autres. Faites le calcul. Entre le début des années 1880 et la fin des années 1890, les salaires réels, en dehors de l'agriculture, augmentèrent d'environ 35 %, principalement grâce à la déflation des prix ; entre-temps, la productivité ne montait que de 6 %. C'est l'opposé de ce qui s'est passé aux États-Unis depuis 1975.

Que pouvaient faire les capitalistes ? Corrompre des sénateurs, mettre en place des trusts, employer des armées privées, se jeter dans le sport et la culture – vous savez, devenir tous athlètes et construire des musées pendant vos heures de loisir. Les capitalistes ont essayé pratiquement tout dans les années 1880 et 1890 : *pools*, trusts, les Pinkerton *, *lockouts*, violence armée, mais aussi lieux de villégiature construits en pleine nature, collections monumentales d'œuvres d'art achetées à Paris, Rome, Florence, Madrid, Londres… Ce qui marcha finalement, ce fut la firme (*corporation*), une solution bureaucratique à une crise socio-économique. Grâce à ce dispositif légal imprenable, le capital fut enfin capable de soumettre le travail à un contrôle réel, non formel, et la productivité monta au point que, dans les années 1920, la production augmenta sans qu'on puisse mesurer une augmentation des facteurs de production, qu'il s'agisse du capital ou du travail.

Remarquez une chose : la firme a réussi en réduisant le travail socialement nécessaire – ce que les spécialistes du management appellent « l'élément humain » – à rien. Ou à presque rien. La productivité dans l'industrie automobile a augmenté de 400 % entre 1919 et 1929 : dans

* Détectives de la célèbre Pinkerton National Detective Agency. À la fin du XIXe siècle, ils s'illustrèrent au service du patronat, en infiltrant le mouvement syndical, comme briseurs de grève, ou comme provocateurs, notamment lors du célèbre massacre de Haymarket Square à Chicago (1886).

cette même période, la perte nette d'emplois dans l'industrie a été de 2 millions.

Mais la firme était bâtie sur la séparation de la propriété et du contrôle. Les capitalistes se sont ainsi condamnés eux-mêmes à la mort sociale, en confiant des décisions de base, concernant la production et la distribution, à des dirigeants salariés qui n'étaient pas propriétaires des biens de l'entreprise – exactement comme leurs prédécesseurs aristocrates avaient loué leurs terres à de simples paysans quand ils avaient dû affronter la crise sociale de la fin de la féodalité, et s'étaient ainsi condamnés eux-mêmes à une lente mort sociale.

Ces managers salariés agissent au nom du capitalisme, mais ce ne sont pas eux-mêmes des capitalistes. Ce sont des employés, des serviteurs, des courtisans, qui feront tout ce que leurs maîtres invisibles décréteront, parce qu'ils n'ont pas de dessein autonome, à part de plus gros bonus.

Considérez cela un instant – savourez ce fait miraculeux.

La fin du capitalisme tel que nous l'avons connu est déjà là parmi nous. Le nombre de gens qui bénéficient de la façon dont nous organisons la production et la distribution a chuté : il s'agit aujourd'hui d'une petite minorité choyée, les

1 %, comme on dit. Nous n'avons pas besoin d'eux, et ils le savent. C'est pourquoi leurs courtisans et leurs laquais essaient maintenant de protéger leurs privilèges par tous les moyens législatifs possibles, des lois destinées à compliquer le vote des classes populaires aux traités commerciaux approuvés de manière accélérée *.

Ou encore : la fonction historique des capitalistes – et plus généralement, de la société de classe – était de réorganiser et de contraindre le travail social, de *forcer* hommes et femmes à être plus productifs que ce qu'ils auraient été, ou auraient pu être, en travaillant dans d'autres modes de production, comme l'esclavage ou le féodalisme. Le gigantesque abattoir ** produit par l'accumulation primitive, les enclosures et l'industrialisation, est une preuve de cette contrainte.

* L'auteur fait allusion ici aux nombreux traités de commerce signés entre États en essayant d'éviter de passer par la voie parlementaire : TPP (Trans Pacific Partnership), NAFTA (North American Free Trade Association), PICTA (Pacific Island Countries Trade Agreement), etc.

** Allusion à Hegel, *Introduction à la philosophie de l'histoire* : « Mais même quand nous considérons l'Histoire comme cet abattoir auquel sont conduits, pour y être sacrifiés, le bonheur des peuples, la sagesse des États et la vertu des individus, la question naît dans la pensée, nécessairement : à qui, à quelle fin ultime sont destinés ces sacrifices ? »

Aujourd'hui, cette contrainte a tout simplement perdu sa nécessité. Nos doubles prothétiques, les machines, qui peuvent se reproduire elles-mêmes, ont fait que le phénomène central de nos vies, ce n'est plus la nécessité, mais la possibilité.

Cet horizon de possibilité est d'abord apparu dans les années 1920, quand la valeur du capital – le temps de travail passé cristallisé sous la forme d'usines et d'équipements – a commencé à décliner avec celle du travail, quand, pour la première fois dans l'histoire, l'innovation permettant d'économiser le capital a rendu possible une croissance économique sans épargne et sans investissement net. Entre 1920 et 1940, *les augmentations nettes du stock de capital furent équivalentes à zéro.* Et pourtant la croissance économique a été spectaculaire dans les années 1920, et, au moins entre 1933 et 1937, encore plus spectaculaire (vous avez bien lu, le New Deal a marché). Ce n'était pas une croissance sur le papier. C'était une croissance réelle, de la productivité, de la production, et du revenu par tête.

À ce moment-là, les profits devinrent plus qu'absurdes, et les capitalistes avec eux.

Car si leur fonction historique avait été de contraindre le travail social, d'extraire la plus-value de la classe des travailleurs, et de convertir cette plus-value – les profits – en investissements décisifs pour l'avenir (par des créations d'emplois, d'infrastructures, etc.), après 1920, cette fonction devint sujette à caution. L'innovation dans les économies de capital a permis aux firmes de financer l'amélioration de leur productivité et de leur production à partir de fonds d'amortissement, et non pas à partir des profits : le *simple remplacement et entretien* du stock de capital existant, sans qu'il soit besoin d'y faire des additions nettes, devinrent le moteur de la croissance.

À ce moment-là, la fonction des capitalistes et de leurs affidés devint la spéculation sur des marchés pouvant absorber les profits absurdes générés par l'innovation dans les économies de capital (la Bourse autrefois, la bulle de l'immobilier à notre époque). Ils devinrent donc une entrave aux forces de production. Ils pouvaient être décrits avec réalisme, par F. Scott Fitzgerald et John Dos Passos, entre autres, comme une aristocratie déliquescente et débauchée – des gens superflus.

## 5

Vous ne pouvez pas avoir de capitalisme sans prolétariat ni classe capitaliste – si les classes sociales qui le constituent se sont dissipées ou étiolées au point de ne plus être identifiables. Mais c'est la situation dans laquelle nous sommes.

Nous devons donc repenser la contrainte à travailler, le territoire social et psychologique magnifié par l'ascension du capitalisme. Pourquoi avons-nous à travailler ? Eh bien, évidemment, pour acheter le droit de ne pas mourir – pour avoir suffisamment d'argent pour survivre, et, au-delà, élever une famille, construire un foyer, acheter un revolver, une voiture ou une moto, atteindre un certain statut social, avoir certains choix et pouvoir montrer *aux autres* que vous pouvez choisir. Le principe de productivité qui a fait la force du capitalisme est toujours vivant. De chacun selon la valeur réelle de sa production, les biens tangibles, à chacun selon la valeur de son temps de travail sur le marché de l'emploi : vous recevez ce pour quoi vous payez, et vous payez pour ce que vous recevez.

N. Gregory Mankiw, l'économiste de Harvard remarquablement naïf qui conseillait entre autres George W. Bush et Mitt Romney, a exposé très précisément ce principe dans un article intitulé « En défense des 1 % » – ça ne s'invente pas – récemment paru dans le *Journal of Economic Perspectives* (une revue à comité de lecture) :

« Selon cette conception [la sienne], les gens devraient recevoir une rémunération conforme à leur contribution [3]. »

Bon, OK. Mais en quoi, exactement, les gangsters de Wall Street contribuent-ils, et tant que j'y suis, à *quoi* contribuent-ils ? En outre, en quoi leur compensation est-elle conforme à leur contribution ? Est-ce qu'il ne s'agit pas des gens qui nous ont apporté le désastre financier de 2008, détruisant au passage des billions de dollars d'épargne des ménages ? Il faudrait les récompenser de leur stupidité ?

Et la question fondamentale demeure : pourquoi *voulons*-nous travailler ? J'ai posé la question à presque deux cents personnes, dans des conversations ou dans des entretiens formels, et la réponse est à peu près toujours la même. Je souligne que ces gens n'étaient pas tous des universitaires ou des intellectuels, bien que les individus de cette confession soient plus enclins à proclamer qu'ils ne pourraient vivre sans un travail qui ait du sens (*meaningful work*).

J'ai parlé avec des barmans, des concierges, des serveuses, des infirmières, des employés de fast-foods, des programmeurs, des ingénieurs, des acteurs, des avocats, des docteurs, des entrepreneurs de pompes funèbres (oui, et plus d'un), des éditeurs, des secrétaires, des travailleurs manuels, des chauffeurs de taxi, des musiciens, des athlètes, des *doormen* *, des enseignants, des colporteurs, des maçons, des managers, des analystes monétaires, des traders, des dentistes, des hygiénistes, des charpentiers, des plombiers, des entrepreneurs, des propriétaires de clubs, des réceptionnistes, des facteurs, et des prostituées. (La liste n'est pas exhaustive.)

Et quelle fut leur réponse unanime ? Une raison de vivre, c'est-à-dire, concrètement, une raison de sortir du lit le matin et de faire quelque chose de valable pendant leur temps de veille. Ils voulaient quelque chose à faire, quelque part où aller, un lieu – plus que ça, en fait, une *destination émotionnelle* – qui les aiderait à traduire leurs désirs bredouillants, inarticulés, en un sens global cohérent, régulier, et reconnaissable, ce qui donnerait en conséquence à leurs vies mornes de tous les jours quelque forme durable, quelque signification. On ne m'a jamais répondu : « Juste pour l'argent », même quand j'ai interrogé les entrepreneurs de pompes funèbres et les prostituées.

* Personnages incontournables des immeubles cossus new-yorkais, qui en comptent souvent plusieurs. Au-delà des tâches habituellement dévolues aux gardiens d'immeuble, ils hèlent les taxis dans la rue, aident à porter les bagages, prennent l'ascenseur avec vous, et sont toujours prêts à entendre vos confidences.

L'emploi apparaît toujours comme un moyen pour atteindre d'autres fins, comme il se doit dans une société de marché, mais les fins étaient toujours une *fuite* loin de la vie antérieure ou un *engagement* vers une vie différente. Leur désir récurrent était de devenir quelqu'un d'autre, de trouver un avenir qui ne soit pas déjà déterminé par leurs origines sociales ou inscrit dans leurs mauvaises décisions passées.

C'est ainsi que Frédéric Lordon, dans *Capitalisme, désir et servitude. Marx et Spinoza* (2014), est parfaitement ridicule lorsqu'il déclare : « De tous les facteurs de reconduction des rapports de dépendance salariale, l'aliénation marchande en ses affects caractéristiques est sans doute l'un des plus puissants. [...] Et il faut atteindre le stade de la consommation de masse pour que l'énoncé spinoziste selon lequel “on n'imagine plus guère aucune espèce de joie qui ne soit accompagnée de l'idée de l'argent comme cause” reçoive sa pleine dimension [4]. »

Bien sûr qu'« on » peut imaginer de telles sortes de joie. *Nous*, nous travaillons, nous nous engageons dans le travail social, pour les mêmes raisons que nous essayons de nous aimer les uns les autres comme nous-mêmes – nous pensons que cela fera une différence. Dans la situation historique qui est la nôtre, cependant, le seul travail qui reste disponible devient celui de l'amour.

Écoutez M. Conyers, entrepreneur de pompes funèbres du Roy L. Gilmore Funeral Home de St. Albans, dans l'État de New York. Je lui ai demandé comment il pouvait, jour après jour, s'occuper de corps morts, et il m'a répondu ceci :

> Ce que je fais est important. Je veux que la famille se rappelle la personne telle qu'elle était quand elle vivait, à quoi elle ressemblait quand elle était vivante. Je ne veux pas qu'ils soient là à la regarder en se disant : « Pour une morte, elle n'a pas l'air trop mal. » Je veux qu'ils la voient comme si elle allait se réveiller, pas comme si elle était partie pour toujours. J'ai appris ça à mon premier essai, quand M. Gilmore m'a dit de me débrouiller. C'était une petite fille, une magnifique enfant, renversée par une voiture, qu'est-ce que je fais ? Je l'ai mise en rose parce que sa mère m'avait dit que c'était sa couleur préférée, et tout le monde a dit : « Oh, mon Dieu, c'est elle ! » Je ramène les gens à la vie, vous comprenez ?

Il ne parlait pas des morts.

Écoutez encore El, le meneur des Last Drummers, trois gars qui passent leur vie sur la ligne A, entre la 59e et la 125e rue, dans le West Side de Manhattan. « Oui, dit-il, dans le métro c'est vraiment du travail, parce qu'on y va pour l'argent, mais tu sais, on doit faire ça de toute façon, la musique, c'est ce qu'on doit faire. On entend un nouveau rythme, on doit le jouer. Ou dans une soirée, on sait que les percussions vont arriver à un certain moment donné, tout le monde attend ça. Comment tu disais, oui, c'est un "appel". »

Ou Shari, économiste à la Banque mondiale, qui travaille maintenant pour les Nations unies. Elle est payée bien plus que M. Conyers ou El, mais elle parle le même langage : « Je travaille parce que je dois travailler ; sinon, qu'est-ce qui se passe ? Rien, peut-être, et ça, ça n'est pas acceptable. J'aime me dire que ce que je fais est important. Mais je pense que tout le monde a besoin de ce, de ce… comment dire, de ce *but*. Tu dois avoir un but, quelque chose qu'il vaille la peine de faire, autrement tu sors pas du lit. Et alors quoi ? »

Ou Charlene, la prostituée, qui fait le trottoir dans la zone située entre la 125e et Lexington d'un côté, la 124e et la 3e Avenue de l'autre : « Je fais pas ça parce que j'aime ça ; j'ai une fille qui va à l'école. Mais écoute, je préfère tailler des pipes que prendre des commandes à Applebee's, gagner un salaire de merde parce que je suis polie, tu vois ce que je veux dire ? »

Ou Ephraim, l'installateur de fenêtres, autrefois athlète, lanceur recruté par les Chicago Cubs mais qui n'a jamais réussi à jouer dans la ligue majeure de base-ball : « Je dis à ma fille qu'il faut faire ce qu'on aime. L'argent n'a pas d'importance quand on arrive à mon âge. J'ai joué au baseball, maintenant je fais ça. Je n'en suis pas fier. Mais je suis vivant. »

Ou Mel le gardien, qui s'occupe de six immeubles dans mon pâté de maisons, dont l'un est un centre de réinsertion sociale qui accueille des fous et des criminels faisant mine de ne pas l'être. Voilà un homme qui est toujours en train de travailler : « J'ai de la chance, parce que je ne prends plus cet horrible métro pour aller dans le Bronx » – il avait été mécanicien pour la MTA * – « Je sors de chez moi tous les matins, et hop, je travaille, dans ma propre rue, tu vois ce que je veux dire ? J'ai quelque chose à faire, qui m'occupe toute la journée, et c'est une bonne chose. Tu sais que je vais être là jusqu'à 20 heures, parce que c'est mon boulot, de faire attention à ce que ces gars-là fassent pas de bêtises. »

Mais *pourquoi* est-ce que tu travailles ? je lui demande, comme à tout le monde. « Ben, merde,

* Metropolitan Transportation Authority : régie des transports new-yorkais.

faut que je paie le loyer, dit-il. Et tu sais, j'ai un truc à faire, un truc qui doit être fait. Ça fait du bien, tu vois ce que je veux dire ? Ce que je fais, tu peux rien faire sans moi, même si tu le vois pas – arrête, avant que tu te lèves le matin j'ai déjà fini quasiment tout mon boulot – ce qui compte, c'est que ce boulot, je le fais, putain. Pour moi, je veux dire, tu comprends ce que je veux dire ? »

Ou Terry, l'ancien journaliste au *Providence Journal*, au *Los Angeles Times*, et au *New York Times*, où il a été reporter, *manager*, et *editor*, avant d'être viré en 2013 (après avoir viré lui-même des gens, digitalisation oblige). « Le travail c'est pas rien, dit-il, même pour les travailleurs de fast-food que j'ai dans mes ateliers d'écriture [qu'il anime gratuitement]. Ce qui ressemble à une corvée pour toi ne l'est pas pour eux. Ou pour la nounou sans papiers qui adore les enfants dont elle s'occupe, mais voudrait quand même quitter cette famille qui, en un mot, l'exploite comme une esclave.

« C'est pareil pour moi, je suis devenu journaliste parce que je ne voulais pas être Dilbert *, et parce que je pensais que je pourrais servir la

* Dilbert, héros de bande dessinée inventé par Scott Adams, est ingénieur informaticien dont les aventures illustrent l'absurdité de la vie professionnelle dans les grandes entreprises.

cause de la justice sociale par l'écriture et le reportage. »

Je lui demande s'il pense que le journalisme est fini, maintenant que l'information est gratuite.

« Non, dit-il, il y a de l'information irremplaçable. Je veux dire par là que sa valeur est irremplaçable. »

Mais pour qui ? je demande. Personne ne te paie pour apprendre à ces travailleurs de fast-food à raconter leur vie. Si notre temps de travail est devenu sans valeur – il ne peut pas être « monétisé » pour employer le langage du moment –, alors comment expliquer ou justifier qu'on travaille pour vivre ?

## 6

Hanna Rosin a récemment prédit la « fin des hommes » comme résultat de la crise de 2008 [5]. L'expression est évidemment hyperbolique, mais les fondations empiriques de son raisonnement résident dans le déclin significatif de la main-d'œuvre masculine depuis 2008. Que se passe-t-il quand les hommes deviennent inutiles parce qu'ils ne travaillent pas ? Les femmes prennent-elles le pouvoir parce que les emplois traditionnellement masculins – vous savez, les usines, l'industrie – disparaissent ? Le monde change-t-il de base dès lors que l'absence de travail rend les hommes superflus ?

Posez la question autrement. Au fur et à mesure que les hommes sont licenciés des boulots à l'ancienne, parce qu'ils ont perdu la course contre la machine, et au fur et à mesure que les emplois traditionnellement féminins – travail social, santé, éducation – deviennent la norme sur le marché du travail, est-ce que le prix du temps de travail sur le marché régresse au niveau de la moyenne déterminée par les inégalités de salaires entre hommes et femmes ?

Ou, pour le dire avec la sociologue Arlie Hochschild, dont le travail est révolutionnaire : pourquoi est-ce que les « métiers émotionnels » ne permettent pas de vivre ? Ou encore : est-ce que le temps de travail est devenu, très concrètement, sans valeur, parce que le marché peut enregistrer le coût du temps de travail *socialement nécessaire*, mais sans pour autant nous permettre de récompenser le temps de travail *socialement bénéfique* – du travail qui, depuis longtemps, a été caractérisé, méprisé, ou dénigré, comme « travail de femmes » ?

En un mot, oui. Le travail socialement *bénéfique* a toujours été sous-évalué. Plus précisément : le marché ne lui a jamais donné un prix correspondant à sa valeur reproductive, et j'emploie le terme « reproductif » à dessein. Sans le travail domestique non payé (des femmes) de la famille nouvelle créée par l'accumulation primitive – cuisine, nettoyage, éducation des enfants –, le travail salarié aurait été, et serait encore, impossible. Les marchés du travail, comme tous les autres, ont subsisté depuis le XVIIe siècle, ont survécu grâce à l'*externalisation* de ces coûts, environnementaux et autres. C'est pourquoi les marchés ont besoin d'être contrôlés, régulés, gérés, limités, et non révérés.

À la fin du XIXe siècle, quand la famille exporta toutes ses fonctions économiques – quand le foyer familial, en tant que lieu de production de biens de consommation, s'effaça au profit de l'usine, de l'école, de la boulangerie, de l'hôpital, du restaurant –, ces coûts autrefois privés et familiaux furent pris en charge par la dépense publique, notamment dans le domaine de l'éducation. Une prise en compte de leur valeur devint possible.

Mais ces fonctions économiques restèrent sous-évaluées par le marché du travail, parce que c'était toujours les femmes qui produisaient les biens (les biens en un sens matériel ou de marché, oui, mais, plus largement, les biens en un sens éthique). Et ensuite, dans les années 1920, la valeur de la force de travail en tant que telle commença à décliner, parce que le prix de ses facteurs déclina, dans la mesure où les techniques permettant d'économiser le capital réduisirent les coûts de la production. Mécanisation, automatisation et instrumentation conduisaient à l'élimination de l'« élément humain » de la production de biens.

Comme je l'ai noté, la perte nette d'emplois dans l'industrie entre 1919 et 1929 fut d'environ 2 millions, et les effets sur le revenu entraînèrent un déclin relatif de la consommation – ce qui, en l'absence de placement net, était déjà la source la plus importante de la croissance économique. La crise de 1929 en fut le résultat, comme je l'ai expliqué ailleurs. Aujourd'hui, nous assistons à une accélération des mêmes vecteurs socio-économiques – avec pour résultat la crise de 2008.

Donc, aujourd'hui, la plupart d'entre nous font du travail de femmes – si on peut en avoir un. Le travail de l'amour a supplanté – survécu à – ses rivaux.

# 7

Pendant les cent ans qui nous ont précédés, ce phénomène, la fin du travail, n'a cessé d'être imaginé. Il a presque toujours été présenté sous la forme d'une lamentation ou d'un avertissement, comme l'ont bien vu William Empson et Raymond Williams, deux fameux critiques littéraires, qui ont mis en évidence la réponse pastorale à l'industrie moderne et à sa servante, la cité moderne.

En 1999, par exemple, Susan Faludi, une auteure féministe, a publié un best-seller intitulé *Stiffed : The Betrayal of the American Man.* Il était de bout en bout illustré par des photos en noir et blanc d'hommes au travail, de marins, de soldats des années 1940 et 1950, comme si le temps s'était arrêté, ou aurait dû s'arrêter, dans l'âge d'or de l'après-guerre, l'Amérique de la guerre froide. Le livre re-racontait l'histoire qu'Arthur Miller nous avait racontée dans *Mort d'un commis voyageur* – l'histoire d'un homme au travail superflu – mais étayée désormais par des notes de bas de page.

C'est là qu'est le hic. Cette histoire d'hommes superflus était déjà un lieu commun des journalistes et des artistes quand Miller lui donna un air nouveau. Comme je l'ai dit, dans les années 1950, la plupart des êtres sensibles avaient perçu la fin du travail, et peut-être la fin des hommes, dans l'automatisation et, ensuite, dans les années 1960, dans l'informatisation. Et d'ailleurs, quand Faludi écrivait son livre, au milieu des années 1990, le tableau du papa licencié, du gagneur de pain viril, était une industrie en pleine croissance, comme peut l'attester quiconque a vu *Toy Story* ou *Terminator II.*

En fait, cela fait presque un siècle que nous avons commencé à entendre cette plainte, cet avertissement, à propos de la fin des hommes résultant de la fin du travail. Aujourd'hui, nous avons tous en tête ce qu'écrivit Keynes en 1930, dans *Perspectives économiques pour nos petits-enfants* – des douzaines d'auteurs, y compris Rosin, ont récemment cité ce texte en introduction à leurs propres études sur l'effondrement du marché du travail.

Tous se demandent comment il a pu se tromper à ce point, en prédisant une augmentation du loisir, moins de temps de travail, plus de plaisir. Tous se demandent : « Qu'est-ce qu'il croyait ? »

Mais la grande ironie de l'affaire, ce n'est pas qu'il ait prédit la diminution du temps de travail socialement nécessaire – il s'avère qu'il avait vu juste, quoi que nous ayons fait du temps qui se retrouvait à notre disposition –, mais qu'il ait écrit ça en pleine crise de 1929, quand la pure brutalité de la nécessité économique réaffirmait ses droits sociaux et psychologiques sur les travailleurs. Keynes s'inquiétait à juste titre à l'idée que nous laisserions cette brutalité gouverner notre vision du futur. « Mais, surtout, plaidait-il, ne surestimons pas l'importance de la question économique, ne sacrifions pas à ses *supposées nécessités* d'autres affaires de plus grande et plus permanente importance. »

Sa principale préoccupation, cependant, était que nous ne saurions pas quoi faire du temps de loisir obtenu avec la diminution du temps de travail et les innovations destinées à économiser le capital. « Ainsi, pour la première fois depuis sa création, l'homme devra affronter son réel, son permanent problème – comment user de sa liberté, maintenant qu'il s'est affranchi des soucis économiques, comment occuper le loisir que la science et les intérêts composés lui auront gagné, pour vivre sagement, agréablement, et bien. »

Keynes savait que les déviants, les hérétiques et les grincheux seraient ceux qui affronteraient ce problème. « Il se peut que la détermination et l'effort acharné des faiseurs d'argent nous transportent tous avec eux dans le giron de l'abondance économique. Mais ce seront les peuples capables de préserver l'art de vivre et de le cultiver de manière plus intense, capables aussi de ne pas se vendre pour assurer leur subsistance, qui seront en mesure de jouir de l'abondance le jour où elle sera là. »

Il était donc beaucoup plus pessimiste, ou moins utopique, que ses récents critiques l'ont suggéré. « Toutefois il n'est point de pays ni de nation qui puisse, je pense, voir venir l'âge de l'abondance et de l'oisiveté sans crainte. Car nous avons été entraînés pendant trop longtemps à faire effort et non à jouir. »

Keynes était pourtant plus optimiste, ou plus visionnaire, que son plus important prédécesseur dans l'examen de ces questions – William James, le philosophe le plus influent du XX$^{e}$ siècle (vous avez bien lu : Husserl, Wittgenstein, Heidegger, Bergson, Durkheim, Wahl et Kojève l'ont lu de près et/ou en ont été enthousiasmés). En 1909, James fit une conférence intitulée « L'équivalent moral de la guerre », où il aborda la question de la fin du travail et ses implications peu prometteuses en ce qui concerne les « vertus masculines ».

Depuis la nuit des temps, notait James, les garçons ont appris à être des hommes soit comme guerriers, soit comme travailleurs. Mais aujourd'hui, ni la guerre ni le travail ne pourraient leur enseigner la virilité. La guerre serait trop coûteuse, et le travail ayant la nécessité et la dureté requises allait bientôt disparaître ; car déjà le monde était dominé par les femmes : « un monde d'employés et de professeurs, de co-éducation et de zoophilie, d'"associations de consommateurs" et de bonnes œuvres, d'industrialisme à outrance et de féminisme débridé ».

Une nouvelle « économie du plaisir », conduite par la demande des consommateurs, avait remplacé la vieille « économie de la douleur » définie par l'épargne, l'effort, les privations, tout sauf la jouissance. Alors quoi ? Comment réinstaurer les « vertus masculines » ? Eh bien, le plein emploi, bien sûr !

Comme nos contemporains de gauche qui continuent à sacrifier sur l'autel du travail, James proposa de mettre tous les adolescents au boulot, de leur enseigner quelque chose sur les « idéaux militaires de l'endurance et de la discipline » qui s'apprenaient auparavant à la guerre – mais à la place de la conscription militaire, ils seraient recrutés dans « une armée luttant contre la Nature ». Et alors ils allaient voir ce qu'ils allaient voir : ils seraient envoyés « dans les mines de charbon et de fer, dans les transports ferroviaires, dans les flottes de pêche en décembre, ils feraient la plonge, ils blanchiraient le linge, laveraient les vitres, construiraient des routes, des tunnels, ils iraient dans les fonderies et les hauts fourneaux ». Là, ils apprendraient les leçons du travail nécessaire.

## 8

Je dis que Keynes était plus optimiste que James parce que l'économiste, contrairement au philosophe, n'avait pas peur de l'augmentation du temps de loisir. La véritable inquiétude de James, en concevant son « équivalent moral de la guerre », c'était de voir les personnalités, jadis structurées par les impératifs économiques du travail, régresser dans l'oisiveté et l'idiotie, dès lors qu'elles auraient été exposées aux possibilités de l'« économie de plaisir » – ce que nous appelons aujourd'hui la culture de consommation. « La transition vers une "économie de plaisir" pourrait être fatale à un être incapable de se défendre contre ses influences désintégratives, écrivait-il. En ce qui concerne la peur de s'émanciper du régime de la peur, on pourrait dire en un mot ceci : la peur que nous avons de nous-mêmes remplacera maintenant l'ancienne peur de l'ennemi. »

Le philosophe avait raison sur ce point. Nous avons toujours peur de l'émancipation du régime de peur imposé par des milliers d'années de pénurie. *Nous continuons à vouloir aller travailler.* L'économiste était d'accord. Il avait espoir, mais il était à peu près sûr que nous ne saurions pas quoi faire du temps de loisir que le XXe siècle nous avait procuré, parce que nous avions été si longtemps émotionnellement affamés. Il était à peu près sûr que nous ne saurions pas comment jouir les uns des autres – comment nous aimer les uns les autres.

Sommes-nous ainsi assignés à ce que Freud appelait la « compulsion à travailler » ? Sommes-nous simplement incapables d'être le gardien de notre frère, parce que recevoir quelque chose gratuitement est simplement intolérable, même quand nous savons que travailler pour gagner notre vie ne nous conduira nulle part ? Et supposez que nous pourrions surmonter cette maladie qu'on appelle l'éthique du travail, comment paierions-nous les « allocations » qui s'ensuivraient nécessairement, comme dans le revenu annuel garanti ?

La dernière question, la question pratique, est la moins intéressante, parce que c'est la plus facile à résoudre. Comme je l'ai dit dans l'introduction, il suffit d'abolir le plafonnement des contributions à la sécurité sociale et d'augmenter les impôts sur les bénéfices des sociétés. Fin des problèmes fiscaux. Et ne dites pas que les entreprises se transplanteront à l'étranger si nous les taxons à des taux plus élevés – elles l'ont déjà fait, à un rythme accéléré depuis les coupes de Ronald Reagan. Et ne parlez pas non plus de la baisse de la motivation, parce qu'alors vous aurez l'air d'un idiot. Bien sûr que les PDG voulaient des taux de profit plus élevés. Ils ont eu ce qu'ils voulaient, et ils ont détruit l'économie mondiale, entre 1987 environ et 2015. Et on devrait augmenter leur motivation ?

La vraie question, dès lors, est ce qui nous handicape. Pourquoi ne pouvons-nous pas arrêter de travailler et, par la même occasion, pourquoi ne pouvons-nous pas accepter d'être le gardien de notre frère ?

L'amour et le travail, nous a dit Freud, sont les éléments essentiels d'une vie saine. Pourquoi ? Parce qu'ils nous font sortir de nous-mêmes, nous conduisent dans le monde, nous engagent dans des entreprises sociales. L'amour et le travail sont des sublimations, des transpositions des pulsions instinctives que nous héritons de notre passé animal – elles nous font franchir le stade de la simple répression de nos instincts. Ils nous mènent vers le travail *social* qui nous rend humains. Ils *sont*, tout simplement, une activité sociale.

Mais le travail ne peut plus servir ce but socialisant. Donc, comme je l'ai dit, le choix est vite fait. Et pourtant nous n'arrivons pas à le faire.

## 9

Pourquoi ?

J'ai deux réponses. Pour les femmes, entrer dans la population active et, plus largement, découvrir un travail ayant du sens, en dehors du foyer, a permis d'accéder au royaume de l'égalité avec les hommes. La corrélation de ces moments sociaux et intellectuels est incontestable, comme Linda Nicholson, entre autres, l'a bien montré. Le féminisme moderne a été fondé justement sur cette idée : par le travail, les femmes pourront entrer dans le monde comme porteuses d'identités extrafamiliales, comme individus abstraits, plutôt que comme mères, filles, sœurs ou épouses.

Pour les femmes modernes, donc, le travail a des significations personnelles et politiques qu'il ne peut avoir pour les hommes (pour la plupart d'entre eux, en tout cas). Les mémoires poignants de Vivian Gornick en donnent un témoignage particulièrement intense. Ils montrent qu'elle a toujours dû choisir, en tant que féministe, entre l'amour et le travail. Mais allez-y, lisez n'importe quel roman publié, disons, entre 1720 et 1890, ou regardez n'importe quel film sorti entre 1930 et 1990, et vous verrez que l'amour, c'est le travail des femmes. Le grand refus du féminisme moderne, comme Gornick l'a montré, c'est, très précisément, cette équation.

Mon autre réponse à la question de savoir pourquoi nous ne pouvons pas guérir de la maladie du travail est contaminée par la catégorie de « race ».

Ici, le retour du refoulé devient inévitable. Selon les économistes qui ont étudié l'État-providence, les Américains ne peuvent pas penser une seconde devenir les gardiens de leurs frères, parce qu'ils pensent que recevoir quelque chose gratuitement est la prérogative des gens de couleur. Les paiements de transfert et les allocations sont forcément destinés à « ces gens-là », pas aux types économes, bosseurs et réglos, ces gars blancs qui s'honorent du titre de *middle class*, que ce soit comme statut social ou comme aspiration.

Donc, pour le dire en termes rendus familiers par nos récentes guerres culturelles *, le genre et la

* Les Américains donnent le nom de *culture wars* aux conflits opposant régulièrement les valeurs conservatrices aux valeurs issues des mouvements des années 1960.

race surdéterminent notre incapacité à penser au-delà du travail. Mais il y a aussi, dans cette impasse intellectuelle, une composante de classe. Elle apparaît clairement dans le récent livre, remarquable, de Robert et Edward Skidelsky, *How Much Is Enough ?*, qui affronte les questions posées par Keynes en 1930, de la façon la plus sérieuse, et en même temps la plus amusante.

Les auteurs, père et fils, ébauchent un programme pour un revenu annuel garanti. Il est, selon moi, absolument irréprochable. Mais eux aussi reprennent à leur compte l'objection de l'*oisiveté* – regarder la télé, glander, etc. Si ou quand nous en aurons fini avec le travail, ils veulent que nous fassions quelque chose d'important. On ne devrait pas gaspiller le temps libre obtenu par le progrès mécanique, affirment-ils [6].

À quoi je réponds : pourquoi ? Si notre temps au travail est devenu sans valeur, pourquoi ne pas gaspiller ce qu'il en reste ?

*Fuck work*, et toutes les idioties qui l'accompagnent. Mais l'amour demeure. Le choix, ici aussi, est vite fait. C'est tout ce qui reste.

# Coda

# 1

L'amour peut-il survivre à la fin du travail ? Je n'ai cessé de me poser cette question. Elle revenait au fond à dire : l'amour peut-il *remplacer* le travail – une activité socialement *bénéfique*, l'amour du prochain peuvent-ils remplacer l'activité socialement nécessaire en tant que critère utilisé pour calculer la distribution du revenu et le développement de la personnalité ?

La réponse est oui. À en juger par l'état du marché de l'emploi, ce processus a déjà commencé.

Le bien le plus fondamental, dans une société postindustrielle comme la nôtre, est l'information, et elle est maintenant gratuite. Autrement dit, le marché de l'emploi ne peut pas assigner de valeur rémunératrice au travail socialement nécessaire de la production et de la distribution de l'information. Il est socialement bénéfique – mais il est, en gros, sans valeur. On continue à travailler, mais le revenu qu'on aurait pu en tirer autrefois n'est plus là. Posez la question à un journaliste, à un écrivain free-lance, ou à un musicien dont le groupe ne fait pas de tournée.

La question n'est donc pas de savoir comment nous remettre tous au travail pour un salaire minimum – *fuck* tout ça –, elle est de savoir comment détacher le revenu du temps passé au boulot. Mais regardez, là aussi, on y est déjà.

Les banquiers de Wall Street ne font pas grand-chose, à part essayer de vendre des titres sans valeur, mais ils sont payés des millions de dollars. En revanche, les instituteurs, les professeurs, les romanciers, les journalistes, les charpentiers, les musiciens, et les gardiens d'immeubles, font tous des choses qui ont de la valeur pour nous – ils éduquent, divertissent, ils construisent des choses, et ils font le ménage derrière nous – mais travaillent à peu près gratuitement.

En attendant, le soi-disant État-providence a déjà détaché le revenu du travail, mais vous ne l'aurez probablement pas remarqué, à moins que, comme Paul Ryan et Jeb Bush, vous pensiez que les allocations mettent en péril la fibre morale de la nation. Rappelez-vous : 20 % du revenu des ménages proviennent maintenant d'un paiement de transfert du gouvernement, et chaque « associé » de Walmart est aussi un « assisté » de l'État, quelqu'un récoltant les coupons d'alimentation ou allant aux urgences pour des consultations de routine, parce qu'il ou elle ne peut pas compter uniquement sur son salaire.

Donc, ce n'est pas comme si on ne savait pas ce qui doit être fait, à savoir détacher le revenu du travail. Mais nous refusons d'affronter le fait qu'il est tout simplement nécessaire, aujourd'hui, de *parachever* ce que nous avons déjà commencé : la transition vers une société postcapitaliste, où le travail salarié ne déterminera pas et ne défigurera pas la vie quotidienne.

Comment, alors, affronter ce fait ? Je ne mets pas en cause l'importance morale et politique du mouvement pour l'augmentation du salaire minimum horaire à 15 dollars. Mais comme je l'ai dit, 40 heures par semaine à 15 dollars de l'heure ne fait que vous amener au niveau du seuil de pauvreté (et vous savez que vous n'aurez pas 40 heures, parce que cela impliquerait que votre employeur vous donne une véritable couverture sociale). À quoi sert, dans ces conditions, un salaire minimum plus élevé, sinon à faire la démonstration que vous respectez l'éthique du travail ?

Pardon, c'est encore une question rhétorique. Le marché de l'emploi ne fonctionnant plus, il n'y a aucune raison d'augmenter les salaires par la loi. Mais il y a en revanche d'excellentes raisons pour *remplacer* ce marché. Ce qu'il faut faire, donc, maintenant, c'est un travail intellectuel : comment imaginer un univers moral qui ne soit pas ancré dans ou limité par le travail socialement nécessaire – comment apprendre à accepter un revenu qui ne corresponde pas à du temps passé au boulot. Au diable le plein emploi. Que diriez-vous de la pleine jouissance ? *Fuck work.*

## 2

L'amour et le travail – les deux choses que nous voulons tous, selon Freud et tous ceux qui ont étudié la nature humaine – ont à peu près la même fonction dans nos vies. Comme de bons instituteurs, ils nous font sortir de nous-mêmes pour entrer dans le monde.

L'amour et le travail nous engagent dans des projets que nous n'avons pas inventés, et de la sorte ils nous enseignent à en concevoir qui nous soient propres. Quand nous sommes amoureux, ce que nous voulons le plus, c'est que la personne que nous aimons puisse devenir ce qu'il ou elle veut être, en partie parce que nous savons que nous faisons partie de cette aspiration. Quand nous sommes au travail, ce que nous voulons le plus, c'est que la tâche qu'on nous a assignée soit accomplie, parce que nous savons que c'est ce dont ont besoin nos collègues – nous savons que cet accomplissement nous libérera des ordres que nous avons reçus, nous permettant ainsi de vivre le présent et d'entrer dans l'avenir.

En amour ou au travail, l'*engagement* est une condition, mais aussi une frontière et une limite. Il implique certains comportements, et il en exclut d'autres. Mais l'engagement ne signifie pas pour autant une annulation de vos propres projets, même si c'est toujours possible, bien sûr. Le truc avec l'amour et le travail, c'est que vous ressentez toujours que l'engagement est à la fois la limitation *et* la libération de votre propre volonté – la *réalisation* plutôt que la négation de votre moi, de vos talents naturels, de votre effort passé et de vos compétences acquises.

Pensez-y en termes musicaux. Vous ne pouvez pas jouer le blues sans maîtriser le genre, ce qui est assez simple – mémoriser les accords, leurs changements, apprendre les paroles. Mais vous ne pouvez pas improviser, renouveler le genre, devenir vous-même comme joueur ou comme chanteur, sans cet apprentissage, cet engagement. « La piété n'est pas seulement honorable, disait G. L. S. Shackle en expliquant la révolution keynésienne, elle est indispensable. L'innovation est impuissante sans la tradition. »

L'amour nous oblige à reconnaître la présence physique et la capacité morale des autres. On peut coucher avec n'importe qui sans cette double reconnaissance, mais on ne peut aimer personne sans elle. Élargissez ce précepte, et vous verrez que ce bon vieil Emmanuel Kant avait raison, au bout du compte, en formulant la Golden Rule sous la forme d'un principe philosophique *. Pour aimer votre prochain comme vous-même, il faut qu'il vous apparaisse comme une fin en soi, pas comme un moyen d'atteindre vos fins, qu'elles soient sexuelles, économiques ou politiques.

Aimer quelqu'un, c'est le ou la traiter comme une personne nécessairement différente de vous,

* Dans le monde anglo-saxon, on donne le nom de « règle d'or » (*golden rule*) à la maxime enjoignant de ne pas faire à autrui ce qu'on ne voudrait pas qu'il nous fasse (et inversement). On rapproche souvent cette formulation de l'impératif catégorique de Kant : « Agis de telle sorte que tu traites l'humanité [...] toujours en même temps comme une fin, et jamais simplement comme un moyen. »

et nécessairement votre égale. Autrement, vous pourriez légitimement décider de son existence à sa place, c'est-à-dire considérer sa capacité morale comme absente ou insuffisante. Vous verriez alors chacun comme un esclave ou un enfant ayant besoin de votre tutelle. Les limites évidentes de cet avantage de superviseur, à ce propos, sont des arguments contre l'idée que l'amour parental (ou l'amour de Dieu pour tous ses enfants) est le paradigme de l'amour en général.

Aimer votre prochain, être le gardien de votre frère, c'est donc prendre soin de vous-même, *et vice versa.* Voilà ce que nous devons encore apprendre.

« De même que je ne voudrais pas être esclave, je ne voudrais pas être maître. » Voilà ce qu'écrivait Lincoln dans une note inédite. Harry Frankfurt dit les choses différemment, mais non moins efficacement, dans un livre intitulé *Les Raisons de l'amour* : « Pour n'importe quel individu, il doit y avoir quelque chose d'autre à aimer – quelque chose qui ne peut pas s'identifier au "soi" – pour qu'il y ait quelque chose à aimer qui soit le réel objet de son amour de soi […]. Un individu ne peut pas s'aimer soi-même à moins qu'il n'aime d'autres choses [1]. »

Le travail, de ce point de vue, semble très différent de l'amour. Une série télé comme *The Office*, des films comme *Office Space* ou *Horrible Bosses* existent et prospèrent, justement parce que les supérieurs violent ce principe kantien de la règle d'or. Mais c'est pourquoi les héros de ces fictions disent : « Non, je préférerais ne pas », comme Bartleby le scribe. Parce que, comme lui, ils ne se révoltent contre personne, ils ne quittent même pas le bureau, non, ils subvertissent le système en traînassant ou en faisant des trucs stupides.

Mais ce que ces fous, nos fous, démontrent ainsi quotidiennement, c'est leur capacité morale, aussi nulle apparaisse-t-elle à leurs patrons, et à nous dans le public – à première vue, en tout cas. Ils affirment qu'ils doivent être reconnus comme des agents de plein droit, comme des personnalités morales qui peuvent piloter leurs affaires, et leurs propres vies, comme n'importe quel supérieur. Ils rejettent ce que Hegel et Nietzsche également appelaient la « moralité d'esclaves », l'idée que le contrôle de soi soit un intérieur auquel ne correspond aucun extérieur. (La fascination pour le travail manuel dans les émissions de télé-réalité, comme *Dirty Jobs* ou *Ice Truckers*, a la même valeur politique ; c'est une façon de dire que chaque homme, chaque femme, peut décider pour lui-même ou pour elle-même, sans la tutelle de cadres plus éduqués et plus raffinés.)

Enfin, l'amour et le travail nous rappellent que les artefacts matériels de ce monde, qu'ils soient naturels ou artificiels, peuvent être indifférents, et même résistants, à nos efforts. Ici, les lois de l'amour se rapprochent des lois de la science – vous ne pouvez pas faire en sorte que votre bien-aimé(e) fasse ce qu'il ou elle n'a pas envie de faire, pas plus que vous ne pouvez soumettre la terre à votre volonté. Et ici encore, nous voyons que cette connaissance est une forme de conscience de *soi*, une façon d'apprendre les limites de ce que nous pouvons demander aux autres, au monde. C'est une façon de nous demander, dans une situation donnée : *que puis-je faire* ?

Mais que devient l'amour, une fois le travail disparu ?

## 3

L'amour et le travail, tels que nous les connaissons, tels que nous les choisissons pour nous définir comme individus – tels sont les ingrédients essentiels des temps modernes. Ils datent du XVIII$^{e}$ siècle, c'est-à-dire du moment où s'invente la notion d'individu qui va de soi pour nous aujourd'hui, l'individu, comme sujet doté de qualités uniques qui nous distingue les uns des autres, au moment où se formule le « tous les hommes sont créés égaux », d'abord comme slogan révolutionnaire, puis comme lieu commun de notre savoir partagé.

Donc la vraie question est la suivante : que se passe-t-il quand le travail doit nécessairement se faire amour ?

C'est à cette question absurde que nous devons répondre, car le travail n'est plus, désormais, notre lot. Contrairement aux générations qui nous ont précédés, nous pouvons nous en passer, et nous devrons le faire. Nous n'avons pas besoin de travailler. Mais si nous voulons survivre, nous devons nous aimer les uns les autres comme nous-mêmes – nous devons être les gardiens de nos frères.

Ce n'est pas seulement un impératif moral, comme Kant le voudrait. C'est une nécessité pratique, économique. Il n'y a pas assez de travail. Année après année, mois après mois, nous pouvons produire plus, avec toujours moins de travail. Nous avons perdu la course contre la machine, et nous savons que les robots vont prendre nos emplois et voler nos émotions. Cela veut dire que le principe de productivité – de chacun selon son apport à chacun selon son rendement – est obsolète, ridicule même, et pas seulement parce que plus on produit plus on détruit.

Cela fait environ un siècle que ce principe de productivité est plus ou moins inadapté à la réalité. Mais un siècle est typiquement le temps dont ont besoin les révolutions culturelles. La relation entre les biens produits et le revenu perçu est en tout cas inintelligible depuis un siècle, depuis que l'« élément humain » a pu être éliminé des usines, et maintenant des banques, des boutiques et des magasins, par l'électrification, l'automatisation, l'instrumentation, la cybernétisation, l'informatisation.

Alors, que faire ?

Première chose à faire : tuer tous les banquiers. Je rigole : on a besoin d'eux pour tenir les comptes.

Non, la première chose à faire est de prendre pleinement conscience de ce que signifie détacher le revenu du travail. On inventera ensuite des moyens pratiques de le faire. Ce n'est pas parce que, depuis cinquante ans, la gauche comme la droite et tous ceux au milieu ont posé le même faux problème, le « plein emploi », que nous devons partir à zéro. Nous partirons du

Family Assistance Program de Nixon, et nous verrons où il nous conduira.

Ensuite, nous déciderons que, en l'absence d'emplois permettant de gagner sa vie, même au salaire minimum de 15 dollars de l'heure, nous devons pourvoir chacun d'un revenu annuel garanti, indépendamment du travail qu'il fait. Ensuite, nous arriverons aux vraies questions.

Comme : pourquoi devrais-je aimer Dieu plus que le jour d'aujourd'hui ? Qu'est-ce que je ferai quand je serai grand ? Où est la télécommande ?

# NOTES

## AVANT-PROPOS

1. James Livingston, *Against Thrift : Why Consumer Culture Is Good for the Economy, the Environment, and Your Soul* (New York, Basic Books, 2011).

## INTRODUCTION

1. Carl Benedikt Frey et Michael A. Osborne, *The Future of Employment : How Susceptible Are Jobs to Computerisation ?* (Oxford, Oxford University Programme on the Impacts of Future Technology, 2013). Erik Brynjolfssen et Andrew McAfee, *Race Against the Machine : How the Digital Revolution Is Accelerating Innovation, Driving Productivity, and Irreversibly Transforming Employment and the Economy* (Lexington, Mass., Digital Frontier Press, 2011).

2. Julia Bellusz, « Nobel Winner Angus Deaton Talks about the Surprising Study on White Mortality He Just Co-Authored », *Vox*, http://www.vox.com/2015/11/7/9684928/angus-deaton-white-mortality (18 février 2016).

## I. LE FAMILY ASSISTANCE PLAN ET LA FIN DU TRAVAIL

1. H.W. Watts et A. Rees, *The New Jersey Income-Maintenance Experiment* (New York, Academic Press, 1977).

2. Gray Christopherson, *Final Report of the Seattle-Denver Income Maintenance Experiment* (Washington, D.C., U.S. Dept. of Health and Human Services, 1983).

3. *Preliminary Results of the New Jersey Graduated Work Incentive Experiment Conducted by the Office of Economic Opportunity* (Washington, D.C., Offce of Economic Opportunity, 1970).

4. Fred J. Cook, « When You Just Give Money to the Poor », *New York Times Magazine*, 3 mai 1970.

5. George McGovern et Wassily Leontief, « On Taxing and Redistributing Income », *New York Review of Books*, 4 mai 1972.

6. Daniel Bell, *Work and Its Discontents* (Boston, Beacon Press, 1956), p. 56.

7. Ad Hoc Committee on the Triple Revolution, *The Triple Revolution* (Santa Barbara, Calif., The Committee, 1964), p. 6 et 10.

8. *Technology and the American Economy : Report of the National Commission on Technology, Automation, and Economic Progress* (Washington, D.C., National Printing Office, 1966), p. 40.

## II. LE TRAVAIL ET L'ESSENCE DE L'HOMME

1. Karl Marx, *Le Capital* (Paris, Flammarion, « Champs », 2008), Livre I, section III, chapitre VII, p. 210.

2. Extrait d'une lettre à un ami russe, P. V. Annenkov, du 28 décembre 1846, publiée en appendice à Karl Marx, *The Poverty of Philosophy* (New York, International Publishers, 1963), p. 181.

3. Ralph Waldo Emerson, « A Lecture Read before the Mechanics' Apprentices' Library Association, Boston, January 25, 1841 », dans *Nature : Addresses and Lectures* (Boston, J. Munroe, 1849).

## III. L'AMOUR ET LE TRAVAIL À L'OMBRE DE LA RÉFORME

1. Thomas Edsall, « Is the Safety Net Just Masking Tape ? », *New York Times*, 17 décembre 2013. Je souligne.

2. David Ellerman, « Rethinking Common vs. Private Property », DavidEllerman.com. http://www.ellerman.org/rethinking-common -vs-private-property/ (15 avril 2016).

3. David Erdal, *Beyond the Corporation : Humanity Working* (Londres, Bodley Head, 2011), p. 139. Inédit en français.

4. Titre original : *From Slavery to the Cooperative Commonwealth*. Inédit en français.

5. Titre original : *The Age of Acquiescence*. Inédit en français.

6. Hannah Arendt, *Condition de l'homme moderne* (Paris, Pocket, [1958] 2002), p. 37-38. Je souligne.

7. Hannah Arendt, *Condition de l'homme moderne* (*op. cit.*), p. 139.

8. *Ibid.*, p. 163.

9. Matthew B. Crawford, *Contact. Pourquoi nous avons perdu le monde, et comment le retrouver* (Paris, La Découverte, 2016), p. 108-109.

## IV. Après le travail

1. Eduardo Porter, « Big Mac Test Shows Job Market Is Not *Work*ing to Distribute Wealth », *New York Times*, 21 avril 2015.

2. Jeremy Rifkin, *La Nouvelle Société du coût marginal zéro. L'Internet des objets, l'émergence des communaux collaboratifs et l'éclipse du capitalisme* (Paris, Les Liens qui libèrent, 2014).

3. N. Gregory Mankiw, « Defending the One Percent », *Journal of Economic Perspectives*, 27, n° 3 (été 2013), p. 21-34.

4. Frédéric Lordon, *Capitalisme, désir et servitude. Marx et Spinoza* (Paris, La Fabrique, 2010), p. 27.

5. Hanna Rosin, *The End of Men. Voici venu le temps des femmes* (Paris, Autrement, 2013).

6. Robert Skidelsky et Edward Skidelsky, *How Much Is Enough ? Money and the Good Life* (New York, Other Press, 2012).

## Coda

1. Harry G. Frankfurt, *Les Raisons de l'amour* (Paris, Circé, 2006).

# Remerciements

J'ai été contraint de faire ce livre. Mes vieux amis m'y ont obligé. Les plus importants d'entre eux sont Bruce Robbins et Mike Fennell, avec lesquels il y a longtemps que je discute des questions abordées ici. Larry Lynn, un ami encore plus vieux, m'a empêché de faire une certaine bêtise à un moment crucial, au moment où deux personnes que nous chérissons tous les deux menaçaient de nous mourir sur le dos. (Elles ont survécu, nous aussi.) Il amplifiait un argument contre le titre que Scott Goodman, un nouvel ami, avait fait valoir un an plus tôt.

La correspondance et la conversation avec Christopher Mackin et David Ellerman m'ont éduqué, dans le meilleur sens du mot. Nous avons maintenu nos différences tout au long de notre amitié. Il en va de même pour James Oakes et Omar Abdul Malik.

Des débats animés avec Shari Spiegel m'ont fait repenser des passages et des positions que je croyais déjà bétonnés. Il en va de même pour certaines conversations menées, au hasard du métro, avec des croque-morts et des musiciens. À la dernière minute, Catherine Liu a eu le même effet bénéfique sur moi.

Dans la rue où je vis, mon voisin Melvin Alexander a été une constante source de réflexions sur le sens du travail. Il en va de même pour Terry Schwadron, un autre voisin. Je les cite l'un et l'autre au chapitre IV.

Jeff Sklansky et Nelson Lichtenstein m'ont invité sur leurs lieux de travail respectifs pour présenter certaines de mes idées. Leon Fink, de l'université de Chicago, a été un interlocuteur remarquablement perspicace quand j'ai parlé là-bas. Ce fut le cas aussi d'Allan Needell, lorsque j'ai été invité par le Smithsonian's National Museum of American History. Lorsque j'ai fini le manuscrit, ou du moins le croyais-je, le redoutablement intelligent Eric Banks m'a invité à donner une conférence au New York Institute for the Humanities, qu'il dirige. Merci à lui et aux interlocuteurs qui sont venus à son invitation – ils m'ont fait réécrire.

Internet m'a encouragé à continuer à écrire sur ce sujet complexe, sur Facebook ; sur mon blog, politicsandletters.wordpress.com ; et pour une revue en ligne que j'ai lancée en 2014, politicsslashletters.com. L'ascension d'une petite revue de gauche, *Jacobin*, a eu le même effet. Alex Gourevitch, Peter Frase, Seth Ackerman, et Kathi Week y ont écrit sur ce sujet de stimulants et puissants essais. Je ne les ai jamais rencontrés, et je ne suis certes pas d'accord avec eux, mais je leur suis reconnaissant de m'avoir obligé à penser plus à fond, ainsi que pour leur travail inlassable en faveur d'un avenir meilleur.

Mon agent, Lisa Adams chez Garamond, et mon éditeur, Brandon Proia, de UNC Press, ont travaillé pendant des heures à la publication de ce petit livre. Brandon a une oreille impressionnante, qui lui a permis d'entendre ce qui m'avait échappé. Je suis heureux d'avoir pu bénéficier de ses conseils dans la révision du manuscrit.

Ma dette la plus grande est à l'égard de Laura Kipnis, celle qui travaille le plus dur parmi tous les auteurs que je connais. Peut-être la meilleure aussi. Son exemple m'a inspiré, ses corrections ont fait rage, et ses conseils ont été invariablement utiles même, ou spécialement, quand ils n'étaient pas les bienvenus. Je suis toujours fou d'elle après toutes ces années. Ce livre est pour elle.

Pas une seule de ces personnes n'est d'accord avec moi. En les remerciant ici, je repense à ce que Hegel, mon modèle intellectuel et mon principal adversaire dans ce livre, notait dans un fragment inédit :

> Quand un homme a atteint le point où il ne pense pas qu'il en sait plus que les autres, c'est alors qu'il devient indifférent à ce qu'ils ont mal fait et s'intéresse uniquement à ce qu'ils ont bien fait.

Bien dit.

# Table

Cet ouvrage a été mis en pages par

<pixellence>

N° d'édition : L.01EHQN001010.N001
Dépôt légal : mars 2018
Imprimé en Espagne par Novoprint (Barcelone)